日本的迷失

前夜：1992~1995

検証経済暗雲－なぜ先送りするのか

[日] 西野智彦——著　兴证全球基金管理有限公司——译

中信出版集团 | 北京

图书在版编目（CIP）数据

日本的迷失·前夜：1992 ～ 1995 /（日）西野智彦著；兴证全球基金管理有限公司译. -- 北京：中信出版社，2017.11（2024.10重印）
ISBN 978-7-5086-8127-6

I.①日… II.①西… ②兴… III.①经济－研究－日本－1992-1995 IV.①F131.3

中国版本图书馆 CIP 数据核字（2017）第 217248 号

日本的迷失·前夜：1992 ～ 1995

著　　者：[日] 西野智彦
译　　者：兴证全球基金管理有限公司
出版发行：中信出版集团股份有限公司
（北京市朝阳区东三环北路27号嘉铭中心　邮编　100020）
承 印 者：北京通州皇家印刷厂

开　　本：787mm×1092mm　1/16　　印　　张：15.25　　字　　数：150 千字
版　　次：2017 年 11 月第 1 版　　印　　次：2024 年10月第 8 次印刷
京权图字：01-2017-7105
书　　号：ISBN 978-7-5086-8127-6
定　　价：49.00 元

序　言

彼时彼地，日本经济“迷失的20年”告诉了我们什么

日本经济泡沫破灭及随后“迷失的20年”，是20世纪最重要的经济事件之一，也是各国经济学者研究的热点领域。中国和日本作为毗邻的亚洲经济大国，在经济发展路径和模式上具有诸多相似之处，而日本的这一段历史经验正可以作为中国经济发展的“他山之石”和“前车之鉴”。

第二次世界大战后的日本及改革开放后的中国，均经历过经济增速年均逾10%的增长奇迹，也都有一个“下台阶”的过程。20世纪50～60年代，日本经济增速年均10%左右，在70～80年代下降到年均5%左右，90年代以来再下降到年均接近零的水平；而中国在2008年的金融危机冲击后，也告别了之前两位数的经济高增速，进入6%～7%的中速增长阶段。从经济增长模式来看，投资和出口在中日两国经济崛起的过程中都发挥了重要作用，而持续大量的贸易顺差和国际资本的不断涌

入，也为两国带来了大量的外汇储备，给本币带来了较大的升值压力，伴随着本国相对宽松的货币政策，存在资产泡沫化的隐患。

如今，中国也正面临着当年困扰日本的资产泡沫问题。1989 年年底，日经指数创下 38 957 的高点后泡沫破灭，日本股市从此进入漫长熊市，房地产在稍后一两年也步后尘进入持续下跌阶段；而中国在经历了 2008 年的股市泡沫破灭及 2015 年的股灾后，人们对于股市的暴涨暴跌已经心有余悸，但是房产泡沫仍然居高不下。在人口老龄化、产业结构转型、大规模海外投资以及金融业放松管制等方面，中国也日益呈现与当年日本相似之处。从整体来看，在中国经济研究中了解和借鉴日本发展历史是很自然的，也是很有必要的。

在对日本经济历史的研究中，有一类观点注重强调中日两国在社会制度、国土规模、城乡结构、经济发展阶段、人均收入水平，以及政府对金融市场的把控力度等方面的诸多不同，认为中国不可能遭遇和日本一样的泡沫经济问题或是日本的经验对中国没有借鉴意义。这种观点我们并不认同，世界上不会有两个国家的情况完全相同，历史上也不会有两次事件完全相同，如果简单强调不同点而无视相似性和共同规律研究，甚至放弃学习这么宝贵的经验教训，并不是一种理智的选择。

同样，也有部分观点满足于一些学者总结出来的结论，比如把日本资产泡沫的出现和破灭简单归咎于“被迫”接受《广场协议》，让货币快速升值，或者还有随后宽松的货币政策和过早的利率市场化，并认为中国只要不犯这些错误就足以避免走上日本经济的“老路”，这恐怕也是一种过于理想的判断。

事实上，日本资产泡沫的出现和破灭是非常复杂的经济现象，受到各种各样盘根错节、彼此关联或是互相抵消的因素的影响。时至今日，学界和业界仍然存在很多争论，也仍然有许多困惑有待厘清。从曾经全世界普遍看好的“日本奇迹”，到后来“迷失的20年”，几乎没有人能预见到这样的剧变，这一切究竟是什么原因所致，是否存在走上另外一条持续繁荣的道路的可能性，这些问题不仅使其他国家的学者陷入困惑，日本学界自身也无法给出满意的答案。在种种学术争论中，如果缺乏足够的关于当时具体历史事件和过程的记录资料，那么争论就变成了“空中楼阁”，对外国研究者而言尤为如此。

当然，如果站在当今的时点，给出一种“事后诸葛亮”式的评价，对于当时历史的亲历者也并不公允。比如回看1992年日本大藏省对于银行资产负债表的评估，当时日本的银行向企业提供长期贷款时，大多要求以土地作为抵押，似乎很容易看出当政者低估了后续房价下跌的影响，对金融系统危机的认识和把握不足。然而中国的房价在10年前就不断有海内外经济学家看衰，在房产泡沫的质疑声中房价又不断上涨了数倍，我们的金融部门和管理层这10年及现在又该如何看待和判断我们的房地产业为好？克劳塞维茨说过的，评价战役指挥的得失不应简单地以成败论英雄，而应该还原到当时的环境、资源和信息条件下来观察和评判。我们相信，要想了解日本到底发生了什么，监管政策应对是否恰当，金融机构做错了什么，也必须回到彼时彼地，通过大量原始资料的整理，还原当时的市场条件、国内外环境和金融经济情况，进行抽丝剥茧的分析，才能够做出比较准确的评价，得出比较客观的结论。

该书作者西野智彦致力于站在“当政者”的视角，以近乎纪录片式的表述方式，展现当时日本政府官员、中央银行及金融机构的决策和博弈，媒体的报道、社会舆论的反应，以及政治人物的应对和互动。可以说，这本书以详尽的调研和细腻的文笔让读者有身临其境之感，提供了宝贵的历史资料。市面上已有不少分析日本泡沫经济的文章和书籍，这本书的珍贵之处在于提供了大量第一手的原材料，供大家仁者见仁，智者见智地进行分析和思考。

值得一提的是，目前关于日本泡沫经济的研究绝大多数关注的是泡沫前和泡沫中，分析重点几乎都放在日本资产泡沫为什么会发生以及如何规避泡沫的发生，而该书则聚焦于资产泡沫破灭后，政府管理部门如何收拾随之而来的混乱局面，如何应对金融机构的各种困境，以及如何周旋于社会舆论的种种非议之中，相关人士在对金融政策进行斟酌决断的过程中，不可避免地受到政治选举和政治人物的干扰，导致不断修改方案。事实上，几百年来人类经济发展的历史一直与经济泡沫的不断出现和破灭相伴而行，但泡沫导致的结果却大相径庭。比如同样是大型资产泡沫，1929 年的美国股市泡沫破灭导致了全球经济长期萧条，2008 年的房地产泡沫破灭导致全球经济衰退，但 2001 年的互联网泡沫破灭却只造成了经济短暂且较轻微的衰退。美联储前主席艾伦・格林斯潘（Alan Greenspan）就一直认为，泡沫无法避免，管理当局也很难较好地预测泡沫和控制泡沫，最重要的是泡沫破灭后如何有效应对。如果说中国的资产泡沫形成已成事实，未来的泡沫破灭恐怕也难以避免。对于中国现在来说，更重要的大概不是争论经济有无泡沫，泡沫有多大，我们应该花更多精力，把研究和关注的重点放在泡沫破灭后的应对措施上，尽量减少冲击造成的不利影响和损失，也尽量规避政策应对可能发生的错误，让中国经济顺利地迈过这个坎，避免日本经济长期停滞的结果。该书在这些方面可以给我们提供许多借鉴和帮助。

作为一家公募基金公司，兴全基金管理有限公司在不断学习和研究的过程中，也致力于引入一些对行业发展或投资理念有益的书籍，曾翻译出版了《台湾股市大泡沫》《社会责任投资》《掘金绿色投资》等专业书籍，同时赞助出版了《穷查理宝典：查理·芒格的智慧箴言录》《滚雪球：巴菲特和他的财富人生》《邓普顿金律：21个成功和快乐之道》等经典书籍。投资是一个喜欢历史的行业，规律时常隐藏在历史和案例中，正如马克·吐温（Mark Twain）所说："历史不会重复，但总会惊人的相似。"我们推动翻译出版的这本《日本的迷失·前夜：1992～1995》，正是这样一本有着历史借鉴意义之作，期待读者能从中有所收获。

感谢杨岳斌、王彤彤、蒋璐临、林丽民、向若琛、张鸣宇、孙雯雯、夏凡、秦杰、李小天、黄鼎钧等人对该书的翻译出版做出的突出贡献。

杨　东[①]

① 杨东，兴全基金牵手公益特邀顾问，兴全基金管理有限公司原总经理，具有25年证券和基金行业投资及管理经验，在投资业界具有相当的口碑和影响力。

《引 子》

宫泽决定一大早就打电话。

再这样不管不问的话，说不定事情会变得愈加奇怪，警钟还是早点敲响为好。

前首相宫泽喜一拎起电话打给首相官邸的时间是 2003 年 1 月 21 日的早晨。

“哪怕是 5 分钟或是 10 分钟都行，能请首相抽出点时间来吗?”前首相亲自打来的电话顿时让秘书室气氛极为紧张，值班的秘书惶恐地问道：

“您担心的是外交，还是经济?”

“不好说，是金融经济。”

下午 4 点 25 分，一辆黑色的奔驰驶进了首相新官邸的大门。

身穿灰色条纹西装，系着绿色领带，潇洒出场的宫泽，瞟了一眼目瞪口呆的蹲守记者，悠悠地走进了正门大厅。仔细想来，自新官邸竣工以来，独自去 5 楼的首相办公室拜访，这还是第一次。

“非常抱歉，首相，在百忙之中打扰了。”

与小泉纯一郎相向而坐的宫泽直截了当地谈了起来：

“首先是金融，银行和保险应该没有什么大问题。银行正在进行大规模的增资，保险公司也还可以。可是，银行正加快节奏强制回收贷款，这样有可能会造成严重的后果。算了，这也是无可奈何的事情啊。”

虽然不用担心会发生社会上所流传的金融恐慌，但目前最好还是要充分注意经济运行状况——讲了前面一番话后，宫泽进入了正题：

“最近听到了类似通货膨胀目标的说法，只要这种话流行开来，就有可能出问题，必须相当谨慎才好。”

宫泽继续用叮嘱的语气说道：

“学者都是观念论，那些不懂经济的人凭一时的想法说三道四。如果光凭想象理解的话，会出现很大的‘副作用’，很有可能会导致国债暴跌、收益率猛涨。首相，请你务必三思。”

宫泽想要向小泉传达的意思是，不应该实施简单的通货膨胀政策。

目前在政府和执政党内，为了使克服通货紧缩和实施经济结构改革的政策齐头并进，认为应该启动超越以往的“非传统性”金融政策的呼声越来越高，呈现强劲的势头。

其中，对于日本银行有义务实现一定物价上升率的通货膨胀目标，经济财政大臣竹内平藏和自民党干事长山崎拓等实力人物纷纷表明了支持意向。而且，政府和银行为克服通货紧缩而签订政策协定之事，也受到了一些非议。

但是，另一方面，成为长期利率指标的10年期国债的收益率，自1998年10月以来下跌到了0.805%。那是因为在金融体系功能不全和经济长期不景气的背景下，大量躲避风险的钱流入国债市场。

在这种饱和状态下，如果首相在国会上说出类似“利率可以上升”的话，国债价格一定会暴跌。

宫泽独自感到了危机。他想，定期国会正式审议之前，无论如何必须向小泉提出。

宫泽看着认真倾听的小泉，诚恳地接着说下去：

“即使不定通货膨胀目标，也可以增加日本央行国债、公司债券购买额等。可以基于目前的状况实施，并没有必要非得达到多少通货膨胀率。”

然后，宫泽说了一句意味深长的话：

“因为日本银行也已经意识到了这点。”

实际上，宫泽在这之前，已与下一届日本央行总裁候选人福井俊彦见过面。他将那时福井对“用‘传统性’金融政策的框架能实施什么”这个问题的回答，原原本本地告诉了小泉。①

① 宫泽的首相官邸访问中还包含了这样的信息：2003 年 3 月任期届满的日本央行总裁速水优的后任不应该是“通货膨胀目标论者”，而应该是福井。实际上，2001 年 4 月当宫泽还是财政大臣时，曾在赤坂的鳗鱼料理店受速水拜托：“我将辞任，我想让位给福井。”宫泽理解了他的想法，然而在第二天早上速水申请辞任的程序中，秘书官却说服他说：“在森政权末期，日本央行总裁的人事变动想征求国会的同意是不可能的。”宫泽这才勉强劝导速水放弃辞任。此后，宫泽取得了自民党参议院干事长青木干雄的同意，向官房长官福田康夫转达“下一任央行总裁是福井”之后，去了阁外。这个时期，宫泽拜访小泉在封锁通货膨胀目标论的同时，也有提醒两年前的转达事项的意图。

小泉对宫泽的说明一一表示肯定，并简短地回答了他：

“由于各种因素综合才导致了现在的状况，我非常清楚，对此并没有速效药。”

没有速效药——对宫泽来说，这一句话就够了。他感觉到了至少小泉没有倾向于通货膨胀政策。

然后，小泉这样提问：

“根据您长期担任财政大臣的经验，能否告诉我引导日元贬值能做到吗？”

最近出现一种主张，即实施通货膨胀目标的同时，可以引导外汇市场的日元贬值、美元升值，以此重振经济。

究竟是谁向小泉灌输日元贬值政策的？宫泽一边思考这个问题，一边回答说：

“就算是可以短时间浮动5日元左右，但要持续恐怕很难。”

“是啊，美国也不会让这种事发生吧。”

“对。”

谈话只有短短15分钟，内容却很多。

可能是因为得到了前辈的建言很高兴，小泉少见地将宫泽送至办公室门口，深深地鞠了一躬。

“非常感谢！请您常来。”

宫泽年轻时曾向政府首脑递交关于通货膨胀政策的“意见书”。文书的日期是太平洋战争结束前4个月的1945年4月，当时25岁的宫泽是大藏省银行保险局一名年轻的事务官。

那时，政府一方面通过日本央行购买国债来筹措庞大的战争经费，一方面为了不引起通货膨胀，要求国民极尽“节俭”。宫泽所写的以

《关于储蓄奖励和防止通货膨胀之考察》为题的意见书，充满了对政府毫不留情的批评。

→ 现在的储蓄鼓励政策，一句话来说，就像是用舀子舀大河里的水一样，无论怎么努力，如果不能阻挡住大河的源头，就无法避免大通货膨胀的到来。

→ 我相信，现下大藏省采取的主要政策应当是，极度压缩国家及产业的资金流出，断然实施通货紧缩政策。

→ 本策的实施，必然会招致一部分军官民强烈的谴责，只是现在国家危急，我等作为陛下的官吏，在大藏省供职，应当不怕摩擦，拿出誓死的决心，向着信念前进。①

最终，年轻事务官的进言并没有受到重视，日本在战败的同时，大通货膨胀也到来了。

这之后，宫泽接着劝诫。

无论多么艰难，也不能随意折腾通货、金融。
不能小看通货、金融的影响。

1985年秋天，宫泽面对签了《广场协议》而得意扬扬归来的大藏大臣竹下登，顶撞他说："你真的明白自己所做之事的意义吗？"人为的

① 摘自谷村裕《私抄大藏省史话》。

汇率调整加之后来的金融政策错误，招致了空前的泡沫经济。

1997年秋天，宫泽独自赶赴首相官邸，直言应该向不景气的金融体系注入公共资金。1998年夏天，他顶住社会舆论，提出了向日本长期信用银行进行“救济”的必要性。

宫泽打算奋力一搏，无论如何也要防止金融经济的混乱，虽然有时候并没有达到预期结果，但他有一个人发出警告的自信。

宫泽在结束了与小泉的谈话之后上了车。他思索着：希望这次不要出现不好的结局。忽然，他想起了过去似曾相识的光景。

1992年夏天，当时还是首相的宫泽，突然预感到危机的到来，向众人猛敲警钟。

但是，经济界人士并没有觉察到“恶疾”，问题一再被搁置，拖延不解决。每个人都过于自信，反正时间能让伤口痊愈，体力总能恢复。

那时，如果采取更强硬的态度，之后的进展也许会不同吧？

远眺正在拆迁的旧首相府邸，宫泽想，究竟是哪条路走错了呢？关于那个夏天，记忆的线索被慢慢拉到了眼前。

《目 录》

第一章

孤独的危机感

公共资金为什么被搁置

在轻井泽别墅度假的宫泽喜一首相接受中岛义雄的拜访。

（长野县轻井泽町，1992年8月17日）

1992 年

7 月 25 日，巴塞罗那夏季奥运会开幕。选手岩崎恭子在游泳比赛中获得金牌，成为奥运会游泳项目史上最年轻的金牌得主。

8 月 27 日，自民党副总裁金丸信承认，其曾经接受东京佐川急便提供的 5 亿日元捐款，并辞职。

9 月 12 日，毛利卫乘坐“奋进号”航天飞机进行了为期 8 天的宇宙飞行。

延期偿付政策被束之高阁

1992 年梅雨时节，首都冷空气弥漫，气温下降，霞关整天阴雨绵绵，被雾气笼罩。

时任大藏省理财局局长的寺村信行接到密令时，是 6 月 23 日下午 5 点，6 月正值梅雨时节最寒冷的时候。

“寺村先生，请您担任银行局局长。”

已经决定主动辞职的事务长官助理保田博简单地通知了寺村。除此之外，为什么是银行局局长，需要注意些什么问题之类的话一句也没说。

对于其中的微妙之处，寺村也心领神会，因此只客气地回了一句“知道了”，便匆匆离去。而在休息室，其他干部还在等待内部指示。这一年，大藏省的人事部门干部也收到了极其公事公办、机械性的内部指示。

寺村自己对于担任银行局局长这一职位，也有些感到意外。

自1961年进入大藏省以来，寺村从会计、理财等财政领域一路走来。要说银行局的话，也就16年前担任过总务科的科长助理，连科长都没有担任过。打听一下就会发现，过去从来没有过局长从理财局调到银行局的先例。①

但这终究不过是人事上的机缘。根据过去担任秘书科科长处理人事的经验，寺村果断地答应了。

“有命令就执行，让我去哪儿就去，这不就是官员该做的吗？”

过去有职员对于人事变动面露难色时，自己也曾经这么说过他们。寺村劝慰自己：“既然被任命，也就只能就任了。”

就任的时间是6月26日。寺村从前任银行局局长土田正显那里接手的资料，有两册百科全书那么厚。虽然资料是银行局的各科制作的，但每一页上都有土田的亲笔批注，此外，封面上还附有如下一句话：

“银行局如今成了火灾现场，每天都是一场艰苦的战斗。希望您能再接再厉！”

距经济泡沫破灭已经过了两年了。

日经平均股价在1992年的3月已经跌破2万日元，在6月寺村就职之际，已经低于1.6万日元。

此外，3月公示的地价中，住宅用地价格比上一年下跌5.6%，商

---

① 围绕出人意料的人事调动，大藏省内部流传着这样的揣测：“突然没有人想当银行局局长了，因此将职位传给了理财局局长。”1991年，大型证券公司发生的损失填补丑闻被公开，证券局局长松野充彦被问责而突然辞官。在金融专业领域，原本松野被认定为下一任银行局局长，由于他的辞职，同期的寺村就不得不填补这个空缺。

业用地价格比上一年下跌4.0%，均是时隔17年之后的又一次下跌。尤其是东京、大阪、名古屋一带的住宅用地价格比上一年下跌了12.5%，向之后的持续暴跌迈出了第一步。

寺村清楚地记得，在他就职后，遍访金融界首脑时，他们的表情都是一样的沉重。

某个刚从欧洲回到日本的大银行行长略带自嘲地说道："多亏如此（经济泡沫破灭），很快就见上了各国的中央银行总裁。"此前，该行长再怎么向各国中央银行的首脑提出会面请求，出面接待的顶多是理事。但是，由于泡沫经济的崩溃，各国中央银行总裁主动出面会谈，多方询问日本的金融状况。

也有银行行长被美国联邦储蓄银行（简称"美联储"）的人员盘问道："日本到底变成什么样了?"寺村所到之处，都会有类似的问题等着他。

股票和土地价格会下跌到什么程度？日本的金融体系又会因此受到什么影响？目前还没有人能够完全弄清这些问题。

夹杂着不安，日本国内对于经济泡沫破灭进行了深刻的反思。对于公示地价的下跌，《朝日新闻》刊登了题为《地价还能够再跌》的社论，《日本经济新闻》也刊登了题为《为了防止地价的再次飞涨》的社论。① 受到舆论支持的地价税，于1992年1月付诸实施。如何使地价稳

---

① 在社论中，《朝日新闻》主张："地价应当尽快降至政府现今的目标水平，即'以工薪阶层平均年收入的5倍价钱，能够买到70平方米左右的公寓'，为此，地价至少还需要再降20%~30%。""有声音表示，地价如果进一步下降的话，不动产公司等就会纷纷倒闭，影响提供融资的金融机构的经营，并对经济造成不利影响。""完全消除地价泡沫，能够刺激经济。"《日本经济新闻》也指出："虽说地价下跌了，但依然处于高位。东京圈、大阪圈的住宅用地，仍然高至1983年的两三倍。"

定下来，不重蹈泡沫经济的覆辙，是这一时期重要的政策课题。

传给寺村的银行行政课题大致有两个：一个是泡沫经济崩溃的事后处理；一个是金融自由化大收尾。

金融自由化开始于20世纪80年代，期间定期存款利率实现完全自由化，随后银行、证券相互渗透等放宽业务范围管制的措施也进入准备阶段。在利率自由化方面，银行局就定额邮政储蓄的利率决定方式期盼着与邮政省谈判。在业务管制放宽方面，围绕实施细节，必须着手进行金融界内部的利害关系调整。①

无论是哪一个课题，都需要投入相当大的精力和战斗力，寺村必须首先着手进行泡沫经济的处理，因为股票价格的下跌变得有些无法抑制了。

日经平均股价在6月跌破1.6万日元之后，7月一直在下跌，已经快要跌破1.5万日元了。据银行部门调查，如果平均股价跌至1.5万日元，21家大型银行②的股票账外收益③将会低于公布的不良债权额；如果跌至1.2万日元，有些银行就不存在账外收益，将会背负超额债务；如果跌至1万日元，上述21家大型银行中的一大半将会没有账外收益，并且无法负担由于不良债权造成的损失。证券分析师间私下里流传着股价将跌至1万日元的说法。即便如此，大藏省始终宣称“能够应对不良

① 以子公司的形式进行相互渗透的金融制度改革关联法案，在寺村担任银行局局长之前，于6月19日在参议院全体会议上表决通过，予以成立。

② 进行大规模重组之前，城市银行有11家，分别为：第一劝业、富士、三菱、住友、樱花、三和、东海、东京、大和、朝日（协和埼玉）、北海道拓殖；长信银行有3家，分别为日本兴业、日本长期信用、日本债券信用；信托银行有7家，分别为三井、三菱、住友、安田、东洋、中央、日本。

③ 账外收益即未记入账内的浮盈。——译者注

债权问题”。但是，这一说法唯一的依据是21家大型银行持有的股票账外收益远远高出公布的不良债权额。①

如果股价以这种势头下跌，银行将会陷入没有能力支付的境地，从而引起经济恐慌。

寺村看着手里经过细致计算的账外收益一览表，不寒而栗。

银行局立即研究危机的应对策略。

昭和时期的金融恐慌成为研究对象，寺村命令总务科调查昭和初期恐慌的经过以及当时的处理方法。

寺村常采取的一种手段是，彻底地对历史进行重新调查。据说，寺村任农林水产部门会计负责人时，为了调查大米价格的历史，甚至追溯到弥生时代刚开始种稻的时候；在他担任理财局局长时，为了调查利率变动，一直追溯到罗马时代。“天下无新事”是寺村的座右铭，他这种温故知新的风格在大藏省也是有名的。

局长室里，一个月左右就堆积了大量有关昭和金融恐慌的资料。②

① 截至1992年3月末，据说21家大型银行公布的不良债权额合计为79 927亿日元，而股票账外收益有172 695亿日元。

② 寺村将《明治大正财政史》《昭和财政史》《日本银行百年史》《日本经济百年史》《政治经济大年表》中有关昭和金融恐慌和第二次世界大战后金融重建的相关记录进行了认真研读。

→ 随着第一次世界大战后的经济萧条，以及关东大地震造成的经济形势恶化，以震灾汇票为中心的不良债权增加，银行经营恶化。

→ 政府意图通过投入公共资金打破僵局，于昭和二年 1 月向议会提出震灾汇票关联双法案，但是审议时产生了争论。在野党反对用国家经费对银行进行救济，要求彻底披露不良债权的实际状况。虽然信息披露在秘密会议中进行，但是瞬间就被国民知晓，增加了储户的不安。

→ 在双法案引发政治问题时，昭和二年 3 月，由于片冈大藏大臣的失言，发生了第一次金融恐慌。挤兑风波逐渐波及东京地区，面对这样的事态，议会立即使这两项法案生效。

→ 第二年 4 月，挤兑风波扩大至全国，引发了第二次金融恐慌。

→ 若槻内阁不得不集体辞职，田中内阁继任，颁布并实行了 21 天的暂缓支付政策（延期偿付），同时提出救济法案。该法案在临时会议上通过并生效，结束了金融恐慌。①

为了平定金融恐慌，田中内阁当时准备了多达 5 亿日元的资金，这笔巨额支出相当于当时银行存款总额的 5%。折合成现在的存款规模，大约是 40 兆日元，对照国民生产总值，以现在的价值计算，也高达 18 兆日元。

---

① 此处归纳整理了《昭和财政史》，银行局以此为基础编撰了题为《关于震灾汇票和昭和金融恐慌》的内部资料。

寺村对于金融恐慌一旦爆发所造成的巨大经济损失感到惊愕。不过，更令他感兴趣的是，伴随着恐慌而发生的舆论变化。

恐慌发生后，议会和国民都同意对银行进行公共资金投入。但是，在恐慌发生之前谈及投入公共资金则面露难色。

在恐慌造成银行实际破产的情况下，谁都明白，投入公共资金是为了救济储户。储户即国民，国民因银行破产而陷入穷困境地，对他们实施救济的议案容易获得议会的批准。

反之，如果在破产前投入公共资金，由于谁都无法体验到混乱或遭受损失，因此会被认为其目的不在于救济储户，而在于救济银行和银行债务人，从而发展成政治和社会问题。在昭和金融恐慌之际，政府也曾强调“银行破产的话，老百姓同样会蒙受损失”，但是，议会也好、媒体也好，都充耳不闻。

事实上，恐慌发生之后，田中内阁所颁布的救济法案和被枢密院一度否决的若槻内阁法案，在内容上是一致的。处理方案是一样的，但是舆论在短时间内就发生了变化，这一历史事实引发了寺村的深思。

此外，和昭和初期相比，1992 年的金融界情况尚好。

日本产业的国际竞争力和国际收支等经济基础坚如磐石，此外，虽说开始衰退，但是银行手中持有的股票仍然有庞大的账外收益。受金融放松的影响，银行每年能够获得近 5 兆日元的业务纯利。

基于这样的状况，在银行实际破产前，究竟能否投入公共资金，银行局的结论是：要想获得国民和国会的同意，其难度远远超越昭和初期。

寺村和审议官高桥厚男、小山嘉昭、总务科科长福田诚等人连日来几经讨论，确定了当前的应对方针。至今留存有当时的讨论概要：

→ 如果股价暴跌造成股票账外收益消失、银行债务超额的话，有可能发生因对银行不信任而导致的金融恐慌。到那个时候，为了保护储户，就必须投入公共资金。

→ 具体来说，首先根据《日本银行法》第二十五条，通过日本央行的特别融资，向银行提供支付活期存款所需的资金，在此期间，可以着手准备关于投入公共资金的特别立法，并向国会提案。必要时，在准备投入公共资金的特别立法前，可以准备作为应急措施的延期偿付的特别立法。

→ 但是，如果只是银行债务超额，无法支付的情况不明确，就不能投入公共资金。要想投入公共资金，必须征得国民的同意，因此，投入公共资金的目的是为了保护储户的利益这一点必须明确。如果在银行破产情况不明确时就投入公共资金，国民就会认为这是为了救济银行。这样做的后果正如昭和金融恐慌时那样，会引起国民愤怒，纷争愈演愈烈，最终导致国民负担加大。

→ 只要存在高额股票账外收益，银行就不会产生超额债务，因此就不应该投入公共资金。只要银行的债务没有超额，处理不良债权就是金融机构自己的责任。

虽然避免造成金融恐慌是根本任务，但促使金融界竭尽自己的努力，抑制随便投入公共资金这一想法，成为之后寺村银行行政管理的基础。

1992 年 8 月 5 日，寺村和日本央行首席理事福井俊彦在东京进行了机密会谈。

“据我们调查，金融机构持有的不良债权为四十几兆日元，达总贷款余额的 7%。期待不动产价格上升是不可能的，不良债权恢复无望。”

根据会谈记录，福井在对令人吃惊的现状进行说明之后，提出了如下建议：

“拖延解决的话，事态反而更加难以收拾。有必要尽可能早地进行损失处理。”

寺村听后，觉得很有道理。

福井进一步提出了具体的对策：

(1) 必须采取以住宅金融专业公司（简称“住专公司”）进行重组为前提的措施。

(2) 信用合作社的监督权必须从都道府县转移至大藏省。

(3) 银行应当在不花费账外收益的情况下进行赤字决算，削减股利。在这样的情况下，为掩饰亏空而缴纳无须缴纳的税金是荒谬的。

(4) 银行必须压缩人员开支，进行人员调整，变卖资产。必要的时候，可以公开裁员。

最后，福井重新强调：

“局长，不管怎么说，如果置之不理，都会导致事态的恶化。应当尽快核实损失，对于过程中有可能产生的信誉问题，大藏省和日本央行要挺身而出，积极做好防范。”①

福井的进言宣告了事态的严峻，给之后寺村的判断带来相当程度的影响。

寺村在反复思考着福井的话时，突然间想起了银行局前辈大月高的话。

大月是大藏省的前职员，第二次世界大战后混乱时期，曾在银行局工作过。1961 年寺村加入大藏省时，大月任当时的银行局局长一职。此外，大月还是住专七社之一的日本住宅贷款服务公司的第一任社长，并历任会长一职，1992 年 1 月辞去咨询顾问职位，成为特别顾问。

在 7 月的某一天，寺村登门拜访位于日本桥茅场町的日本住宅贷款服务公司总部，当时大月已有 79 岁，一副笑嘻嘻的样子，却冷不丁说出了令人直冒冷汗的话：

“寺村先生，将延期偿付政策放在桌子的抽屉里即可。”

“延期偿付……吗?”

“事实上，我也在这样做。到了紧要关头将不得不采取延期偿付政策。将它放在抽屉里，时不时拿出来看一看，这样一来你就心安了。”

大月面色和蔼却又严肃地提出了建议，像是确认似的又加了如下一句话：

“现在说不定就处于那样的时期，最好有这种思想准备。”

---

① 摘自《寺村、福井会谈记录》。

延期偿付是昭和金融恐慌时期，田中内阁出台的暂缓支付政策。①时任大藏大臣高桥是清首先下令，全国的银行统一停业，在此基础上，除了支付工资以及一天500日元以下的银行存款外，私法上的所有金钱债务都强制性地延期21天支付。

通过这一严厉措施，经过一个半月时间，32家银行面临停业而引起的恐慌终于平息。大月建议寺村将这项敕令的副本放入办公桌的抽屉里，以防万一。

回去途中，寺村想起了大月的话，不禁仰望天空。②

"紧要关头实行延期支付……现在已经到了这种地步了吗？"

不过，寺村记得自己当即连连摇头否定，又自问了如下一段话：

"在紧要关头，延期支付和公共资金政策都是不容迟缓的，但是必须得坚持到最后一刻。毕竟银行监管的目的，不是巧妙地处理金融恐慌，而是防范金融恐慌于未然。"

不要重蹈昭和金融恐慌的覆辙——但是，就像是要挫减寺村的士气一般，危机的小齿轮开始无声地转动起来。

解不开的谜团

一通电话掀起了事情的开端。

---

① 暂缓支付政策第一条规定"在昭和二年4月22日之前发生的，并且应当在这一日开始到同一年5月12日为止的时间内完成支付的私法上的金钱债务问题……延期21天支付。"

② 大月高对历届银行局局长来说，都是很好的谏言人。担任兵库银行行长的吉田正辉在就任银行局局长的时候，也曾接受过他这样的忠告："银行局局长什么也不用做，只要十分关注有可能产生信用不安的问题，哪怕一根针掉落在榻榻米上，都要能够察觉到，这就是使命。"

银行局局长寺村等人强化了抑制公共资金投入的政策。恰巧在那个时候，位于桥本石町的日本银行总行接到了紧急电话。

“8 月 20 日以后，兵库银行的资金运作有可能遇到困难。”

得到这一消息的是日本央行神户分行，而接到电话的是审查局管理科。审查局干部向负责的理事小岛邦夫进行了汇报，并立即与信用机构局协商。

之后令金融当局甚为烦恼的兵银问题以这次融资困难为开端，徐徐展开。

位居神户的兵库银行规模宏大，在 1992 年 3 月底，资金量超过 32 900亿日元，是日本第二大地方银行。

1989 年，兵库银行由互助信贷储蓄银行转为普通银行，根据长谷川宽雄会长的经营扩张路线，扩大了面向不动产、非银行金融机构的贷款。但是，由于泡沫经济的崩溃，以 10 家非银行金融机构为中心，产生了高额的不良债权，大约在 1992 年春天传闻出现了经营困难。

在资产急剧膨胀的过程中，兵库银行倾向于吸收可转让定期存款等市场性资金，其金额达到了全部融资金额的 1/3。如果非金融机构的不良债权问题导致金融市场的不安蔓延，那么，毫无疑问，流动性强的资金就会逃脱而去。其结果是在 8 月 20 日之后，也就是大额定期和可转让性存款的集中到期日之后，兵库银行就会面临资金运作困难的局面。

在金融机构的经营问题浮出水面后，最终拥有审批权限的大藏省挺身而出，收拾这一局面。不过，解决资金筹措等金融实务上的问题，大多还是靠日本央行出面。

一进入8月，审查、信用机构两局①就开始和兵库银行的经营层接触。但是，兵库银行提出“因为金融市场没能很好地运作，才导致资金筹措困难”，并一再提出“希望日本央行方面提供指导，使得人们不必过分担心信用危机”。②

日本央行劝说“融资难是由于不良债权太多造成的，如果不出台一些根本性政策，事态就不能得到改善”，并建议兵库银行制定经营重建政策，借助关联金融机构的合作。

另一方面，大藏省接到了日本央行提交的报告，以掌握兵库银行经营的实际状况为由，暂定于8月中旬开始对其进行检查。同时，大藏省就发生资金不足时的应对问题，和日本央行展开协商。

围绕兵银问题的处理，接下来大藏省和日本央行不停地合作与冲突，“两人三足”就这样开始了。

不过，在这一时期，比起兵库银行，更令银行局担心的是住专问题。

住专公司是指为了在资金层面响应国民拥有自己家园的愿望，金融界在19世纪70年代初期，以共同出资的形式成立的住宅资金

① 审查局通过对日本银行进行审查，定期监管交易方金融机构的经营内容。若发现在经营上存在重大问题的金融机构，交由信用机构局（现“信用机构室”）审理。

② 据1992年8月1日的《读卖新闻》报道，兵库银行的山田石社长在7月31日举行了记者招待会，就相关非金融机构问题做出了如下陈述：“即便不（向提供融资方）请求紧急援助也是没有问题的，设立方会承担责任。”并强调不考虑请求利率减免等救济措施。

供给公司。①

住专公司成立之初，大藏省为了扶持住宅金融，指定所有的住专公司为“直辖公司”，从中给予援助，这在非金融机构中算是破例。住专公司由大藏省和出资的民间金融机构向其经营层派遣人才，因此，实际上享受和金融机构同等的待遇。就连向寺村建议将延期偿付政策放进抽屉里的大月，在辞去大藏省职务之后，也担任了日本住宅贷款服务公司的第一任社长之职。

不过，住专公司成立之后，作为出资主体的银行也开始从事住宅贷款业务，以赚取差额利润，事态因而发生了突然的转变。被迫收复失地的住专公司热衷于和不动产相关的融资，恰逢经济泡沫，便趁机大幅度地扩充了资产。结果，住专公司先于金融机构受到泡沫经济崩溃的冲击。

大藏省于1991～1992年间，对除了农林合作住宅贷款之外的7家住专公司进行了首次实地调查。调查结果显示，截至1991年3月，在124 200亿日元的营业贷款中，不良债权占据了37%，即46 500亿日元（破产和拖欠主体的合计金额）。

7家住专公司的经营已经面临危机。

1992年7月末，银行局内部的人事调动基本完成，银行局负责人对住专问题的相关情况进行了说明，三和银行方面银行局负责人手头留有住专问题状况说明的记录：

---

① 总共设有8家住专公司：日本住宅金融、第一住宅金融、日本住宅贷款、住宅贷款服务、地银生保住宅贷款、综合住金、住综，以及农林合作住宅贷款。但是，除了农林合作住宅贷款的经营问题没有显现出来，余下的7家公司都面临着问题。

→ “问题的难点在于，最有实力的城市银行不太愿意借贷资金（给住专公司），而实力弱小的群体①却是被牵涉最多的。不管怎样，整体来说缺乏一个领头人，因为不像过去海运和造船、修船那样，有供双方进行易货交易的场所，所以大家必须通力合作。”

→ “为了救济住专公司而消耗城市银行的实力，这样可行吗？从整个金融体系或者整个经济的角度出发进行考虑，还有更为重要的部分。到那时，紧要关头可能拿不出钱来了。”

→ “本银行下定决心走在前头，但是其他的城市银行没有紧跟而上，甚至有银行称它们在应对自己的问题上已经忙得不可开交了，哪里顾得上他人。”②

可以看到，虽然在状况说明方面有些偏向三和银行，但另一方面也反映了住专问题的本质。

1992 年 3 月底，金融机构针对住专公司进行的融资额大约为 15 兆日元，其中 42% 来自农林系统金融机构，25% 来自信托银行、长期信用银行，而城市银行融资额占了 8%，出资行的融资额也只占了 25%。

由于所有住专公司的出资行都不止一个，所以非银行金融机构的经

① 此处实力弱小的群体是农林系统金融机构的代称。从农协、鱼协、森林合作社到都道府县的联合会，再加上农林中央金库这一全国性组织，构成了农林系统金融机构。

② 摘自银行局内部资料。

营不善不会动摇出资行在市场上的信誉。特别是，城市银行对于住专公司的责任意识十分薄弱，银行局干部回忆道："当时甚至弥漫着期望住专公司破产的氛围，因为那样就可以按照贷方融资额比例进行责任处理，从而能够减轻负担。"

农林系统金融机构强烈主张一直以来的金融惯例，即"出资行责任"，一方面使出资行按份额发挥相应的股东力量，另一方面又对其施加经济压力。融资额高、缺乏经营能力的信托银行和长期信用银行，则在策划使用公共资金解决的处理方案。不同营业形态之间利害关系复杂且相互牵扯，三方牵制、四方牵制的状态持续不断。

其中，以三和银行为主要出资行的日本住宅金融公司（简称"日住金"）相当于住专公司的奠基人，成为住专问题的代表。

除了日住金之外，其他6家住专公司在1991年10月到1992年4月期间，相继制订了第一次重建计划，向出资行提出请求减免利息、冻结融资额。而关于日住金，出于对大藏省前职员庭山庆一郎社长经营态度的不满，其请求没能获得出资行的同意，重建计划半途而废。

因此，1992年6月，在寺村担任银行局局长之前，三和银行策划了对日住金的两种处理方案。

方案一：将三和银行定位成重建公司，将存续公司和清算公司分离，进行重建。

方案二：3年内，将对日住金出资的9家银行的融资利率降至法定利率（当时是3.75%）。

此时，三和银行已经判断，日住金陷入了债务大量超额的困境，实际上已经倒闭①，但是把不良债权分散到其他出资行的根本性处理方案，完全没有得到其他出资行的理睬。之所以如此无视出资行责任，是因为这些处理方案符合的只是三和银行等局部利益。

力排众议，想要按照方案一进行调整时，三和银行却发现，在达成共识之前，日住金的主体部分的确已经无法进行资金运作了。于是，三和银行和日住金为了回避眼前的危机，想要将方案二作为暂定的处理方案。此时正值寺村收到银行局局长的内部调令之际。②

但是，围绕方案二进行的调整也迟迟没有进展。

除了三和、樱花银行之外，其他 7 家次要出资行坚定地认为，自己不应该和作为主要出资行的三和、樱花银行承担一样的责任。并且主张，应该要求那些融资额远远多于次要出资行的农林中央金库和日本兴业银行也承担责任。

的确，在对日住金的 24 000 日元融资额中，9 家出资行只不过占了 33% 的份额，农林系统金融机构占 39%，长信银行占 12%，由此可以明显地看出，只减免出资行的利率，是无法完成经营重建的。③

---

① 摘自三和银行制作的备忘录《关于重建政策》。

② 三和银行的方案一在 1996 年的国会上被重新提及，而银行局的“置之不理”成了问题。但是，撤回这项方案的却是三和银行自己。据 1992 年 11 月 12 日的银行局备忘录记载，三和银行做出如下说明后撤销了方案：“在现阶段，地价大幅度下跌，看不清未来，本银行也难以应对，丝毫没有办法获得其他银行的同意。（不良债权）移交其他公司，通常情况下，需要主要银行做出担保，承担所有的本金损失，但是以三和银行现在的状况，是无法办到的。如果那样做的话就违背了职责。”

③ 在寺村就任局长的前一天，即 6 月 25 日撰写的银行局内部文书中写道：“7 家公司的重建计划都出台后，一方面要求出资方承担相应的责任；另一方面，也要求出资方以外的机构承担利率减免等责任，以这样的方式扩大援助计划。今年秋天以后，状况的发展态势越发明晰，需要朝着这个方向进行引导。”

其余住专公司情况也一样，并且几乎所有的金融机构对某一住专公司来说是出资行的同时，也是其他住专公司的普通融资行。以三和和樱花银行为例，其在日住金作为出资行被追究责任，而在其他住专公司，反而作为普通融资行，去督促出资行履行责任，形成了这样一种奇妙的关联。

围绕日住金的经营担忧，正在一点点儿地向市场蔓延，其股价持续下跌。

寺村看着各公司对住专公司的融资一览表，陷入沉思。

唯一的办法是花时间去解决这个问题。

只有出资行和普通融资行在损失分担方面达成一致意见，住专公司的不良债权问题才能解决。因为住专公司本身不具备当事人权利。

但是，由于几乎所有的金融机构是出资行的同时，又是普通融资行，所以利害关系错综复杂，在损失分担方面难以达成一致意见。

“因此，调整方案才会进展得如此不畅。”

寺村反复思考着如何将这一难题解开。

行政方面有没有办法强制介入？

虽然有办法以指导的形式促使其达成一致意见，但是没有办法引导最终的处理。公共资金是唯一的手段，但行政方针已经强调：现阶段不要投入。

不使用公共资金，自己负责处理不良债权，意味着要凭借金融机构内部的积蓄和每年的业务纯利进行清偿。但是，内部积蓄的支柱——股票的账外收益一下子都变现的话，股价就会暴跌，账外收益也可能烟消雾散。另一方面，全部金融机构的业务纯利一年也只有大概5兆日元。这样一来，就会有很多金融机构承担不起这种统一处理。

> **终究还是个要花费时间的事。**

寺村已然领悟，即便想要即时处理，金融机构不响应，达不成一致意见，最终还是处理不了。寺村得出结论：股票的账外收益如果为零，那么就可以进行公共资金的投入，但是，既然现在有着规模庞大的账外收益，金融机构就只能在它的能力范围内，有计划、分阶段地进行处理。

后来被批判是“宏大的拖延”的银行局基本战略就这样被确立下来。

回顾过去，寺村如此说道：

“不良债权问题如同大山，如果要自己负责处理的话，不管怎么考虑，统一处理都是不现实的。只有花费一定的时间，分阶段地进行处理这一条道路。在漫长的调整过程中，如何避免恐慌的发生，这才是泡沫经济处理的终极问题。”

不过此时，在霞关旁，有人想要制订一个完全不同于寺村的解决方案。

此人就是当时的最高掌权人——宫泽喜一。

迈上与大藏省和外务省相向而隔的观潮坡，右边能够仰望国会议事堂，再顺着茱萸坡一直向前，坡道尽头就是首相官邸。1992年夏，这里的主人便是72岁的宫泽。①

宫泽以精通政策著称，他经常在西服的口袋里塞上两张写满国内外经济指标的纸。其中一张由经济企划厅每周更新，另一张则由大藏省每半年制定一次。此外，在他爱用的笔记本上，从不间断地记录着每天的汇率和平均股价。

看着积累起来的庞大数据，宫泽越来越感到疑惑了。过去的经验法则对于现在的经济判断来说，渐渐没有用了。

宫泽相信，最迟1992年3月，经济会逐渐复苏，对外他也做了这样的发言。② 这样说可能有一部分是因为多多少少意识到7月的参议院选举，但从经济循环角度来看，也并非是毫无根据的话。

但是，别说经济复苏了，股价仍一路下跌，在参议院选举之后，即使下调了法定利率，市场仍毫无反应。在经济界，对于未来经济的不安情绪逐渐抬头。

---

① 宫泽于1991年11月，继任海部俊树之职，坐上了梦寐以求的政权之位。随后，虽然大众传媒曾经严厉批判他“领导力不足”，但他在1992年7月的参议院选举中取胜，渐渐迎来了政权的稳定期。

② 宫泽在1992年4月13日的记者招待会上发言称：“1~3月内需正在加大，4~6月就能摆脱低谷了。”

很显然，问题出在金融部门。

宫泽识破了日本经济中不断发生的异变。

“平成元年（1989年）虽然货币供应量比前一年增加10%，但同期贷款增加率几乎为零。有人解释称，这不是因为企业没有资金需求，事实却是银行由于不良债权问题，贷款能力极弱，这在股票市场上也有体现。这便是这次经济萧条的现象在以前从未发生过的重要原因所在。”①

宫泽开始思索：除了原来以追加公共资金为代表的财政措施，还需要其他手段。

首相大臣手下，有一批被称作“侍讲学士”的人为他出谋划策。

其中，有着最强影响力的就属霞关的侍讲学士了，但是宫泽的情况有点不同。由于宫泽首相通晓各方政策，因而会收到来自政财界、金融界各种各样的方案。宫泽也培育了他自己的人脉并进行有效利用，收集他自己的信息。②

例如，银行局的记录中载有某金融界首脑向宫泽和大藏大臣羽田孜直接进言一事。

“大藏省被大量的不良债权吓瘫，唯任时光荏苒。应通过政治性决

① 摘自1992年8月30日，宫泽首相在自民党轻井泽研讨会上的演讲。

② 据《首相动态》里记载，在金融界，宫泽和日本长期信用银行的杉浦敏介、三和银行的村井七郎、横滨银行的吉国二郎、樱花银行的石野信一等人频繁见面。

断引入公共资金，加紧处理不良债权，防止事态恶化。”

野村综研7月31日的报告《泡沫经济崩溃和重建——70年代的英国和今日的日本》也被送到了宫泽和官房长官加藤纮一手中。报告总结了20世纪70年代初期，英国是怎样渡过金融危机的，加藤回想道：“读了那篇报告，才第一次意识到金融问题。”此外，公认为是由野村撰写的《股价暴跌和经济、金融状况的危机》也经由秘书，交到了宫泽手中。

另一方面，以宫泽智囊团自居的众议院议员浜田卓二郎①记得他曾在8月上旬，对用10兆日元的日本央行特别融资进行不良债权处理的建议方案进行了总结，并在办公室进言。浜田回忆道：“进行说明的时候，首相表示他理解了。”

同为宫泽一派的原田升左右和相沢英之也在8月11日提交了题为《关于股票担保金融》的文章。他们声称应该通过日本央行实施股票担保贷款，提高整体股价水平。②

甚至，在大藏省内部，洞察首相官邸意图的大臣官房调查企划科悄悄地收集了有关股票买进机构的资料。③

在最高掌权者身边，渐渐积累了许多寻求公共资金的“起草文件”。

---

① 浜田在宫泽政权开始至1992年8月期间，是仅次于官房长官、外相、自民党干事长，与首相会见较多的政治家。之后，宫泽在1993年的大选中落选，在1998年的参议院选举中当选。

② 针对这一提案，银行局在3天后撰写好资料，提出了反对意见，认为“以股价形成为目的的股票担保贷款存在问题”。

③ 资料里记述了1965年证券不景气时，设立股票购买机构的经过和存在的问题。大藏省干部称，在这里进行的探讨，日后发展成股价维持政策（Price Keeping Operation，简称PKO）。

据首相心腹回忆，那是在7月26日参议院选举之后的事情。近藤前次官房副长官和首相秘书在首相官邸共进午餐。① 宫泽放下筷子，开始了这样一段话：

“美国的储蓄信贷协会（S&L）救济政策也是参照了英国的‘救生艇作战’计划吧，日本的金融机构也应当采取相应的措施，否则会变得很糟糕。”

宫泽用他从容而有气魄的独特语调继续着以下交谈：

“必要的时候，还是要投入公共资金，如这一步没走好，跌势将阻挡不了。”

虽然不够直接，但宫泽也谈到了公共资金的必要性。

在美国，20世纪80年代后期，为了处理破产的储蓄信贷协会造成的大量损失，需要总额为12兆日元的巨额公共资金，问题十分严峻。英国为了渡过20世纪70年代初的非银行金融机构危机，实施了“救生艇作战”计划，主要以中央银行的出资和融资为支柱。

宫泽坚信，在资产恶化将要影响金融运作功能时将之去除，以保证体系的正常运作，是政府的工作。

“首相，我想反驳一下。”

一位秘书官委婉地提出了异议。

“向银行注入公共资金以消除不良债权，在政治方面存在很大的困难，并且难以得到国民的理解和支持。”

宫泽手下有5名秘书官，他们常常就经济运营交换意见，其中一人说道：“谁都没有想到股价会一直下跌。”

① 据《首相动态》记载，参议院选举之后，宫泽只和近藤副长官吃过两次午饭，分别是在7月30日和8月6日，所以这应当是其中的一次。

“就我们来说，依旧认为这一时期，在土地上进行一些处理，便能够应对，并且银行还很强大。这些银行职员拿着高薪，却还要向他们注入公共资金，难以想象这样的做法在政治上可行。”

但是，宫泽在听到了那样的反驳之后，内心有了更加强烈的危机感，心情苦闷。

“金融经济的实际状况出乎意料得差，股价也会进一步下跌。我十分担心。但是，官员们却认为，对于股票，在某种程度上是无计可施的，不过，土地价格应该不会这样持续下跌，因此，他们丝毫没有危机感，没有提出应对策略。他们只是希望就这样下去，最好不要发生什么。”

宫泽听了秘书官的谨慎言论，下定了决心。

真到了紧要关头，就和日本央行总裁商议，决定如何应对这种紧急情况即可。

宫泽认为，即使投入公共资金，也应当制订短期处理计划；而寺村认为不应该轻易地依赖公共资金——两项截然不同的政策发生正面冲突是迟早的事。

遥不可及的公共资金

梅雨季节的寒冷过后，东京自 7 月 22 日开始迎来了连续 10 天的酷暑。

虽然没有告诉宫泽，但寺村正在为如何应对股价的再次急剧下跌而伤脑筋。

根据银行局内部讨论，目前已经确定不导入公共资金的方针。但是，尽管在7月27日下调了法定利率，但日经平均股价还是一路跌破1.5万日元，市场上流传着“金融不安”这4个字。

“现在还是整理下材料，向市场放出消息比较好。”

寺村接受了前任局长土田正显的意见，对外宣布8月11日他开始放一周暑假，而实则待在局长室里担任前线指挥。

如果进入了休假，就不会被媒体围追堵截，而且没有了外部的来访者和电话的转接，他可以集中精力考虑对策。

局长室中相关人员连日来反复研究3个要点：

第一，应该怎样看待伴随着股价下跌而至的银行决算对策。股价一旦下跌，银行会出售账外收益中的持有股票来偿还估价亏损。用这样的决算对策产生账外利润会导致更加严重的股价下跌，其结果是引起新一轮利润变现的恶性循环。①

第二，如何防止银行的惜贷问题。根据1988年国际清算银行（BIS）的协议，从1993年3月末起，国际范围内活动的银行将把自有资本比率提高至8%。可是股价下跌，自有资本比率提高的话，银行将可能防御性地压缩贷款。②

第三，为之后的不良债权处理要做哪些环境整顿。

为了使银行能够迅速处理不良债权，银行局认为，有必要实施不动

① 后来银行的利润变现（产生账外收益）措施并不是“销售一空”，而是根据被称为“交叉买卖”的维持股票行情平稳的方法在进行。

② 银行局在这个时期，面向金融机构举行了关于贷款动向的听证会。总结报告中这样记述：可以预想到，今后金融机构的贷款问题将更加受到瞩目……这说明在合理应对资金需要的同时，应想方设法指导怎样不招致惜贷。

产流动性担保或税制上的支援措施。

经过连续几天直至深夜的讨论，在8月13日，题为《目前金融管理的运营方针》的草案被呈递给寺村。

这一天，备受市场瞩目的日住金的股价一下子跌了100日元。日经平均股价在两天前最终跌破1.5万日元，事态已经到了刻不容缓的地步。寺村从8月13日起便没有回家，而是连着两个晚上彻夜修改草案，撰写前言。

另一方面，陷入僵滞状态的日住金的重建计划也自此急速展开。

8月14日下午3:30，对利息减免草案抵抗到底的大和银行的副行长被叫至银行局，听审议官小山嘉昭说了如下一番“论调”：

“只有大和这样强硬地坚持自己的想法，不顾各行的努力真的可以吗？看看日住金的股价，如果再继续谈判拖着不定的话，事情就会变得更严重。”

与此相对，虽然大和方面对主要出资行——三和银行“没有诚意的回应”再三表达不满，但最后还是表示理解：

“如果可以解释说并不是本行真的愿意，只是大藏省说服了本行，那我们遵从大藏省的意愿。”①

最终结果是，姑且避免了预想的日住金9月的破产。为了遏制以日住金为开端的危机，行政指导总算得以展开。

8月15日，星期六。

---

① 根据1992年8月17日的银行局记录，小山审议官之所以会出马劝服，是由于受三和银行的委托。根据记录，三和银行融资部部长在14日给小山打电话，拜托说：“非常抱歉，单凭我们无法劝服，务请大藏省帮忙。”

下午2:30，寺村和审议官高桥厚男一起去了大仓饭店，在小会议室里等他们的是前局长土田。

土田对寺村重新撰写的《目前金融管理的运营方针》细致入微地提出了意见。

“这里这样修改比较好。”

“这个部分这样思考比较好，不是吗?”

做了3年银行局局长，对金融了如指掌的土田的指导很准确。寺村一一点头，把内容加了进去。

> → 泡沫经济的崩溃会对金融机构产生巨大的影响，克服它需要严肃认真的努力，而且需要相当长的调整时间。①

当时，地价的下跌才刚开始，舆论就断言：“还有一波下跌。”

其后，是寺村和土田没有想到的长期暴跌，然而不良债权的处理还需要“相当长的调整时间”。

关于公共资金，究竟应该放出怎样的消息呢？寺村想起了局内的讨论，写下了这样的前言：

> → 此时，为了金融体系的稳定和资金的融通，金融机构应该全力以赴认真处理，政府当局也应当不负国民对金融体系长年的信赖，倾注最大的努力。

① 摘自《目前金融管理的运营方针》中“金融体系安定化的确保和效率化的推进”。

寺村在后来追述道："用这个'最大的努力'来表达，也是想把紧急时刻动用公共资金的可能性算进去。"

他和土田的讨论长达三个半小时。8 月 15 日夜里，两代银行局局长绞尽脑汁，搞定了 4 张 A4 纸的最终稿。

第二天（8 月 16 日），寺村先去官厅拜访了事务次官尾崎护并获得理解，再去找总务审议官日高壮平和证券局局长小川是，对概要进行了首次说明。

新的一周开始，8 月 17 日，备受关注的日经平均股价一时间恢复到 1.5 万日元大关，但最后还是以 1.492 955 万日元收盘。

下午 6 点，寺村乘着公务车从霞关出发，前往箱根。大藏大臣羽田孜正在此处休假。

晚上 8 点，他到达了箱根温泉的花温泉宾馆。寺村立即说明了运营方针的要点，并表示为了抑制市场的动荡，公开发表刻不容缓。

羽田详细问了几个问题，同意晚上 10 点以后公开发表。寺村松了一口气，再赶往东京。到达霞关的时候，时针已指向零点。

剩下的是和首相大臣——宫泽喜一的事前沟通。

宫泽从 8 月 11 日开始，在轻井泽的别墅进行夏季休假。

在日经平均股价跌破 1.5 万日元的 11 日，宫泽对官房长官加藤留下一句话："我说不定会回来。"随即乘坐下午 3：51 发车的浅间 27 号离开了上野站。

宫泽对股价越来越感到不安。1.5 万日元的防线没有守住，照这样下去一口气跌破 1.4 万日元的话，事态将难以收拾。

虽然很相信市场，但宫泽认为："在市场经济无法维持正常运作的时候，政府应该断然介入。”这个时间点越来越近了。①

在去往轻井泽的途中，宫泽独自思考着。

如有不测该怎么办……反正一下子也想不出好的对策。

宫泽觉得自己和官僚机构的危机感尚有相当大的差异。无论下达些什么指示，并没有能够“一呼百应”。

说不定作为首相的自己，因为担心而返回东京，从某种角度来说有一定的意义。

宫泽刚进轻井泽不久，就给日本央行总裁三重野康打了电话。

“情况有点糟糕。我十分担心，可是政府内却没有紧张感。”

三重野非常沉着地回答说：

“首相，我明白。我也多方考虑，请您不要担心。”②

“三重野，实际上，我在想要不要回东京。”

如果仅仅不到一周再下跌 1 000 日元，跌破 1.4 万日元的话，市场会陷入恐慌。宫泽对此十分担忧。

---

① 1998 年夏，在小渊内阁时期再次出任大藏大臣的宫泽，对救济濒临危机的日本长期信用银行倾注了极大的热情，因为他认为：“市场经济没有发挥维持正常的功能。”

② 有位日本央行干部记得，1992 年 8 月，三重野曾兴奋地说：“是公共资金！是公共资金！”

他想，到那时他亲自回京，哪怕将东京证券交易所关闭一天也行。应突然回京，再关闭市场，采取这种终极的冲击疗法把“紧急事态”告知国民，并制定包括公共资金投入在内的问题解决办法。

宫泽回顾道：

“昭和二年的金融恐慌之时，大藏大臣高桥是清也把市场关闭了。遇到麻烦时最好休息一下，好好思考，于是政府和日本央行相关人员一起制订计划。我想，这虽然并不是经常能采用的好办法，但应急之时还是不得不这么做。”

8 月 15 日，宫泽临时回京。

宫泽在大仓饭店别馆 16 楼与经济团体联合会会长平岩外四进行了 25 分钟的会谈，详细的谈话被记录在备忘录中。

“关于证券对策，我们需要的难道不是一种危机管理吗？虽然可以什么都不做等待事态过去，可仍有必要想到事态变得更糟时会怎么样。我希望一旦出现万不得已的情形，平岩会长可以为政府及日本央行做点什么。”

提出这样的意见之后，宫泽明确地说：

“美国在救济储蓄信贷协会时投入了很多公共资金，我想日本采取一种像危机管理类的对策也没什么可耻的吧。”

对此，平岩解释道：“1.3 万日元的日经平均股价将使银行没有了账外收益。”随后，宫泽紧接着说：

“总之，危机管理不能对外言说，到了腹泻不止的时候就不得不考虑。像 1975 年时的英国那样，政府和日本央行齐心协力，关于银行所持土地该怎么办，也有人思考设立类似于保有机构的部门。”

在座的官房长官加藤纮一很明显对于宫泽对公共资金的强烈积极性感到惊讶。宫泽对加藤说：“希望你来做见证人。”随后，加藤加入了会谈。

但是，根据备忘录记载，少有说话机会的平岩此时要求暂停。

“对于银行，我们有一种反感，作为财界希望银行界也稍微自主努力一下。说得难听点，毕竟银行支付着高额的薪酬。”

虽然很委婉，但是平岩竭尽全力表达了“不”的意思。

尽管如此，宫泽还是坚持：

“你说的是没错，但除了一味地攻击金融机构，我们在日本经济整体变得糟糕之前不应该做些思考吗？金融机构本身很难开口（申请使用公共资金），那让经济团体联合会来说不行吗？”

平岩说：“请让我们再商讨一下。”便结束了这个话题。①

对危机管理能力展露出积极性的宫泽，在这之后凑合着吃了午饭，理了个发，在下午4点左右离开了大仓饭店。碰巧在宫泽和平岩的会谈之后，大藏省的寺村、土田、高桥3人也来到了此处。

随后是8月17日，星期一到来了。

因股价下跌而恼怒的宫泽在这一天终于向大藏省出身的首相秘书官中岛义雄直接下达了指令。

“请让我向大藏大臣做些声明。”

从东京再次回到轻井泽之后，宫泽对秘书官说：“这样下去，我不

---

① 摘自《宫泽、平岩会谈记录》。根据其他记录，因股价下跌而焦急的宫泽在这之后向首相秘书官打探：“NTT（日本电报电话公司）股票卖不出去一点，JR（日本铁路公司）股票的上市也是违反常识的，你看是否尽快出台不出售的方针。”

回去不行了。”虽然想通过这种方式激起霞关（政府机关）的危机感，可依然没有反应，只好下达指示。

中岛正在和总务审议官日高讨论之时，寺村恰好将《目前金融管理的运营方针》整理完毕。

下午5点在首相官邸听了寺村讲演的中岛，感到“首相的想法有些不对”，随即赶往轻井泽。

中岛在晚上9点之后到达轻井泽，那里的温度低于20℃，非常凉爽。在此时，寺村已经早一步在箱根向羽田开始了他的说明。

中岛呈递上的《目前金融管理的运营方针》有3个主要方面，即应对股价低迷、确保融资应对能力和处理不良资产。

首先，要求银行抑制由于决算对策产生的利润变现；其次，把股票估价亏损的清偿从中期结算延迟到年度结算，也暂时停止了将分红控制在利益的40%以内的行政指导。总之，目的都是为了控制过度的利润变现。作为惜贷对策，允许采取永久后偿贷款①之类自有资本的充实政策。为了促进不良债权清偿，还采纳了重新审议税务方面的处理办法和担保不动产的流动性等。哪里都没有提到公共资金。

宫泽一边想着“真是一份不可思议的计划啊”，一边听着中岛的说明。

“还是回东京吧。”

看着面露不满神色的宫泽，中岛拼命阻拦：“您返回东京本身就是

① 所谓后偿贷款，即资金利息设定得比通常要高，而破产时偿还贷款的排序比一般债权要低的借入资金，其中偿还期限不定的贷款被称为永久后偿贷款。对于借款方来说，由于是长期的稳定资金，根据国际清算银行的规定可以将它计算在自有资本之内。

种负面的信号。”可虽说如此，也不能说这个计划如果发表，就能万事大吉。宫泽回忆道，首相和大藏省之间问题意识的鸿沟中，他最头疼的就是中岛了。

“大家会问回东京之后怎么办……如果问我除了向大家猛敲警钟，接下来该怎么办的话，我也没办法。”

争到最后，宫泽也让步了。

和平岩会谈的时候也是一样，宫泽不愿意用“权力”来压制对手，坚持主张。他常常在周围人面露难色的时候，宁可暂时退出，等待时机。

这不是靠小聪明的对策就能解决的问题。

这么想着，宫泽开始修改递交过来的4页纸。晚上10：50，首相修改结束。

“这里面加入了首相的修改意见。”

从箱根回到大藏省的寺村，接到中岛打来的电话，开始彻夜工作。这天晚上，宫泽在日记里这样写道：

> → 东京股票市场连日下跌，引起深深的不安。决定让大藏大臣发表关于金融证券管理的运营声明，草案在中岛手中。

8月18日，星期二，日经平均股价跌到了泡沫经济之后的最低点——1.430 9万日元。

等待市场关闭的同时，羽田发表了《目前金融管理的运营方针》。①

参加完记者见面会的寺村，直接去了那须。这是为了向副首相兼外相的渡边美智雄说明情况。

“已经来了三四个投诉电话，说此对策不够完善。”

渡边看上去很不满。他说：“证券界已经提出请愿，说对策中并不包括股票担保贷款。”自民党干事长绵贯民辅也在20日的讲演上批评说：“这只是敷衍了事，应付一时的对策。”永田町的反应总体来说不太理想。

之所以会这样，是因为这个时期，金融界和不动产界陆续提出动用公共资金买进土地的设想。

某个金融机构很有实力的前职员引用昭和四十年的山一特别融资的例子，在政界四处游说：“所谓领导者，应该毅然实行危机避免措施。”三菱银行倡导设置收购担保不动产的机构。② 该机构应“在不违反民间金融机构的自我责任原则的范围内，接受一定限度的公共支援”，同时也有部门提案设立活用抵押证券的“收购共同土地机构”。

银行局提出的全面否定公共资金的草案，在他们眼中成了“不彻底

① 宫泽在8月18日的日记中写道：“这一天，东京市场平均股价逼近1.4万日元，大藏大臣在傍晚发表了声明。”在19日写道：“证券市场有反应。”

② 三菱银行的方案后来实现了，此后变成购买不良债券的共同债权购买机构。银行局当时也曾商讨过，难道不能在此利用财政投融资的资金吗，但是遭到了日本开发银行总裁吉野良彦的强烈反对，没有实现。

的东西”。

另一方面，在轻井泽暂时停止斗争的宫泽，还是没有放弃投入公共资金的设想。

8 月 28 日，宫泽决定了经济史上最大（107 000 亿日元）的综合经济对策，此后还诞生了后来被批判成股价托盘的采用邮政储蓄、简保资金的新股票运用架构。

日经平均股价急速反弹到接近 1.8 万日元，危机渐渐离去了。正因为如此，宫泽觉得必须告诉大家“危机的本质”。

8 月 30 日，在轻井泽王子饭店的自民党轻井泽讲习会上，宫泽做好了演讲准备。

“市场经济无法维持正常功能的时候，考虑适当的对策是政府和中央银行理所当然的职责。银行所持有的不动产应该如何流动化，最好金融机构能出钱出力、出谋划策，但必要时，也应不惜努力去实施公共援助。”

“这不是要救济银行。作为国民经济血液的金融如果不能融通运转的话会带来很多麻烦，对双方而言都是一样。为了整体国民经济，不能强行拒绝。只是由此银行不得不充分考虑公共使命，究竟有多少不良资产，必须将信息公开。”①

宫泽想，幸好避免了股票暴跌引发的恐慌，但金融体系存在着根深蒂固的问题。借助这样的机会，作为首相还是应该再做说明。

“啊？说了啊。”

---

① 摘自 1992 年 8 月 31 日的《朝日新闻》。

听了首相秘书官中岛汇报的寺村露出了忧郁的神情。

既然宫泽已经发出宣言，关于公共资金的议论就无法避免。在大众媒体和在野党行动之前，政府应尽早摆明立场。

寺村急忙制定了“现阶段不是注入公共资金的适当时机”的假设问答。接下来他获得了事务次官尾崎、大藏大臣羽田的理解，并向中岛发了传真。

“十万火急，望首相来判断。”

宫泽看了假设问答之后，表情没有变，向中岛这样说：

“这件事就这样吧。”

对惊讶的中岛，宫泽若无其事地继续说：

“虽说是公共援助，也不是什么都让大藏省来做的意思。”

宫泽并不认为，霞关、产业界、大众媒体都没感到有必要马上就投入公共资金。之所以非要用“公共援助”这样暧昧的说法，也是因为“还没具体确定到什么程度，是税呢，还是财政投融资呢，或是金融。”

按照宫泽所了解的假设问答，事务次官尾崎在第二天，即 8 月 31 日，否定了公共资金的投入。

为了继续追击，9 月 2 日，日本经营者团体联盟的会长永野键向银行开火，指责银行：“若要用公共资金救援，却不充分公开工资等经营信息的话，社会是不会接受的。”日本商工会议所领导人石川六郎、经济同友会代表干事速水优也表示支持。正如平岩所说，经济界的氛围倒向不支持投入公共资金。

另一方面，银行局也继续说服金融界，莫提公共资金。

→ 持有 17 兆日元的股票账外收益，维持着股东分红，而且支付着高额的薪水，这时候投入公共资金的话，怎么解释国民都不会理解的。

→ 恐怕会和昭和金融恐慌一样，公共资金的导入反而成为恐慌的导火索，造成无法挽回的事态。①

最终，全国银行协会会长兼三菱银行行长的若井恒雄在 9 月 8 日表明，根据自我责任原则，要尽最大努力，为公共资金争论画上句号。

9 月 9 日，星期三，蔚蓝的天空一望无际。

被参议院决算委员会叫去的寺村挺起胸膛，参加答辩：

“我想在担保不动产流动性的同时，要坚决以民间金融机构的自我责任为原则，通过自主努力来做出谋划，这是最基本的。关于公共资金等问题，不仅是我们，金融机构也还没有展开商讨。”

宫泽什么话都没讲。

“虽然首相敲响了钟鼓，但是并没有人回应。现状是尚未有目标从何处着手推动，这不是光靠上级发出号令就能解决的事，必须全体行动起来才能实现。”

曾经像幻影般消失了的公共资金再次作为国家的政策课题浮出水面是在 5 年之后，1997 年的年末。而在此时，并没有人会想到那时又将是宫泽来点燃导火索。

---

① 关于让金融界放弃公共资金的理由，浜田卓二郎陈述道，当时听大银行职员说：“大藏省表示如果投入公共资金的话，就会有追究责任的问题。”

第二章

备忘录的背后

为什么没能及时进行根本性处理

左为受国会邀请，在答辩席上等待的银行局局长寺村信行，右为原银行局局长土田正显。

（东京、国会，1996年2月15日）

1992 年

11 月 3 日，比尔·克林顿（Bill Clinton）在美国总统选举中获胜。

12 月 18 日，竹下派分裂成“小渊派”和“羽田派”。

1993 年

3 月 12 日，朝鲜表明退出核不扩散条约（NPT）。

金融危机之门

在首相和银行局围绕公共资金展开唇舌之战的阴影下，日本第二大地方银行——兵库银行正在为克服资金运作危机而顽强挣扎。

听了日本央行的建议，兵库银行于《目前金融管理的运营方针》发表的1992年8月18日首次展开行动。山田社长毫无预兆地拜访作为大股东的四行——住友、日本兴业、日本长期信用和日本债券信用，向它们请求10年期5 000亿日元的资金援助。

对此，没有任何事前通知，而且只持有极其简单的经营计划，单凭大股东这个理由，四行是不可能回应资金援助的。

谁都不理睬兵库银行，资金筹措困难的实际状况也被四行知晓，事态朝着最坏的方向发展。

如果对兵库银行坐视不管的话，很有可能导致资金筹措的失败。

8 月 25 日。做出这种判断的日本央行信用机构科科长白川方明拜访了大藏省的中小金融科，向科长坟崎敏之进言。

“兵库银行为了恢复信誉及认可度，难道不需要发表切实可执行的结构调整政策、组建新的经营层吗？大藏省、日本央行不需要全面支持吗？”

白川这么说着，提出了 5 项措施：①

(1) 经营层改革。

(2) 整顿非银行金融公司。

(3) 收缩县外分行。

(4) 整理不良债权。

(5) 快速整理有价证券的账外损失。

根据后来的调查得知，如果早的话兵库银行有必要在 9 月 1 日接受日本央行的再贷款，而 9 月末将发生通过央行抵押再贷款仍无法解决的资金不足达 2 000 亿日元。②

于是，大藏省和日本央行在 27 日进行了再次商议，想出了一个计划。

---

① 根据日本央行内部资料。

② 要接受日本央行放款，就必须拿出国债之类的合格担保。而接受无担保特别融资，是从市场无法进行资金筹措，无能力还付的“资金运作破产”之后。

作为9月1日日本央行放款的条件，兵库银行决定更新管理层并实行结构调整。另外，为了实现兵库银行经营再建计划，顾问团的派遣也在这个时候定下来了。

剩下的问题是，光由日本央行再贷款仍解决不了的9月末资金缺口2 000亿日元应当如何筹措。

讨论到最后，银行局表示："资金支援还是得依靠大股东。"决定先说服持有兵库银行5%股份的住友银行。

8月28日，上午11点。

银行局局长寺村在住友银行东京办公室与行长巽外夫会面。

"为了阻止兵库银行的状况变得更糟糕，正在和日本央行商议对策。"

寺村也不隐瞒什么，直接切入了话题。

"现在已经着手银行检查，根据结果，为了促使他们自力更生，我打算要求他们实施严格的结构调整。不过，在这之前如果发生资金不足，为了确保金融体系稳定，请协助给予资金支援。"

听了这话之后，巽面不改色地说：

"我明白配合确保金融体系的稳定是金融机构的使命，但是有两个问题。"

"问题？什么问题？"

"第一是对国际业务的影响。我们因为"伊藤万事件"① 评级下降

① 在泡沫经济破灭的1990年，中坚商社伊藤万的经营管理紊乱问题公开化。是不是要继续对该社进行支援，身为主要银行的住友银行内部发生了争论。这被称作第二次世界大战后象征着泡沫经济的最大经济事件。

到了A3。资金支援后，不良债权将继续增加，导致评级变得更低，这会给国际业务带来极大影响。”

巽继续说：

“第二是行内的反对。现在我也在制订计划强行进行结构调整，可以预想到时行内会出现‘那个时期为什么要帮助兵库银行’的反对声音。第二个问题虽然我可以说服他们，可是第一个问题实在是让人担心。”

巽的担心一个个都合乎情理。寺村马上感觉到这并不是“拒绝”的信号，于是他再问作为大藏省能否创造条件？

巽思考了一下回答说：

“在进行资金支援之时，希望能确保资金支援不被人理解为住友银行不良资产的增加。”

“确保？”

“日本央行要对评级机构明确表示全面支持兵库银行。在没有这一公示之前，从短期的资金筹措角度来讲，如果想要资金支援的话，需要归还，这是前提。”

这种微妙的措辞让寺村感觉到住友银行的协助是有条件的。

最后，巽还说了一件他担心的事。

“作为同业者来看，我认为兵库银行在关联非银行金融公司产生损失的情况下，主体也产生了相当多的不良债权。长谷川会长握有实权，社长貌似没有掌握信息。只要会长握有实权，那么即使介入检查，他们也会试图掩盖实际状况，我们很难掌握真实状况。”①

① 这两人的谈话根据《寺村、巽会谈记录》再现。

同样以关西为据点的银行家的眼力，此后得以证实。

到了9月，兵库银行资金运作的情况变得更加严峻。关于目前资金运作的分析报告连日间不断地被送到寺村处。当时的负责人回忆道："虽然不提只语片言，但我真的担心在资金尚未筹措到的时候就破产。"

为了预防资金不足，大藏省和日本央行准备了以下应对方案：

> → 发生资金不足时，兵库银行向日本央行和上级股东——住友、日本兴业、日本长期信用请求资金支援。
>
> → 在进行资金支援的时候，日本央行和股东支援金融机构会要求兵库银行实行主体及关联非银行金融公司的根本性结构调整并明确经营责任。
>
> → 在资金不足成为公开事件时，将公开发表以上两项。①

另一方面，作为当事者的兵库银行，在8月31日向银行局提出了经营改善计划的草案，但其内容未能得到日本央行和股东三行的充分理解。

中小金融科立刻要求兵库银行再做商讨，激励兵库银行在9月底之前拿出结构调整计划。日本央行也多次对结构调整计划进行了"修正指导"。

最后，通过反复进行高风险的资金筹措，兵库银行好不容易度过了

① 摘自银行局内部资料。

9月。

根据最近出来的资金运作表，兵库银行8月末有正千亿日元的可调用资金，到9月28日减少到正432亿日元，9月29日减少到正113亿日元，9月30日减少到只有正68亿日元。可调用资金在10月1日之后转向了负数。

关注着资金运作状况的同时，大藏省的检查也在9月30日结束：

分类债权额为3 604亿日元，分类债权比率为11.7%。①

需清偿资产为404亿日元。

这是为期一个半月的银行检查结果。虽然根据目前银行局的感觉来看，这是"惨不忍睹的财务状况"，但亏损预估额为253亿日元，而营业用不动产之类的账外收益大约有350亿日元，并没有被认定为资不抵债。

主任检察官写了如下报告：

"长谷川会长在位20年，他坚持经营规模不断扩大的方针……从法定利率时代到自由利率时代一直如此，事态于是发展成今天这样。"

与此同时，除了兵库银行，金融当局还有另一桩悬案——日本债权信用银行（简称"日债银"）的关联非银行金融公司问题。和兵库银行一样，日债银也面临着关联非银行金融公司的不良债权问题，于是它向

---

① 大藏省的检查将无法进行本金利息偿还的债权称为"分类债权"，根据其危险程度，可分为第二类、第三类、第四类。本金利息偿还没有问题的正常债权被称为"非分类"。

提供融资的金融机构要求利息减免。

金融界至今都有这样的原则：用“母行责任”来处理关联非银行金融公司的不良债权。这是一种非银行金融公司的出资母体——主要银行负担产生的所有损失，只向其他融资金融机构请求延期偿还的方法。

另一种方法是，假设不良债权的处理按照法律程序进行，按照债权者平等的原则，贷方不得不根据各种融资余额的比例来分摊损失。这就是“贷方责任”。

但是，母行责任制已经成为金融惯例，如果要实行贷方责任制的话，日债银不仅在金融界要承受强烈的责难，在市场上的信誉也会降低，而且还必须支付使资金运作成本上升的罚金。尽管如此，金融当局仍然碰到了母行责任制处理不了的大案——日债银。

对于日债银的提议，融资金融机构当然是强烈反对，因此调整很难进行。

“母行责任也好，贷方责任也好，哪边都行，不是吗？”离开打了16年交道的银行行政，和金融界关系尚浅的寺村内心这样想着。

走投无路的日债银既然下定决心要采取法律手段，谁也无法阻止。融资金融机构即使说了“那就承担一部分损失吧”，也没有分摊损失的规则，只有协商直到所有当事者都接受。

“总之请尽快拿出结论。”

这样想着，寺村在8月18日的《目前金融管理的运营方针》里加入了这么一段：

→（住专、非银行金融公司）个别问题没有及时处理，并且造成了国民对金融体系的不安感，这也是事实。我们督促相关方在认识到确保金融体系稳定这件事的重要性的基础上，进一步努力，要求他们尽早确定处理方针，并有计划、分阶段地实施处理。①

这里所写的“有计划、分阶段地实施处理”在后面被批评为“不了了之的佐证”，但寺村断定，和住专问题一样，“关于金融机关的损失分担问题，只要不达成一致意见，就不可能立即处理，只能借助时间来解决。”

根据提倡的“有计划、分阶段地实施处理”的运营方针，银行局从8月下旬开始对金融机构指导，以便快速达成一致意见。

母行日债银终于以利息零，大型金融机构利息4%，一般金融机构与最低短期利率相同（4.75%），农林系统金融机构无利息减免这一标准，达成了一致意见。

这个根据与业态或非银行金融公司的“亲密度”来评定负担等级的利息减免计划成了后来住专、非银行金融公司利息减免的基本形式。

只是，直到最后农林系统金融机构仍然拒绝减免利息，并坚守约定的比率，这让银行局十分头疼。

另一方面，大藏省检查结束之后，兵库银行也从10月7日开始，向交易金融机构要求对相关非银行金融公司实行利息减免。

大藏省在10月12日，作为一系列工作的总结，并站在“追问导致

① 摘自《目前金融管理的运营方针》。

这样的事态的经营责任”的立场上，要求兵库银行“强化管理体制”。时任近畿地区财务局局长，后来成为金融管理要员的长野庞士主导了推进高层人事变动的管理政策。

10月19日，星期一。

兵库银行发表了结构调整计划：长谷川会长卸任、暂不进行中期分红、削减董事薪酬、关停海外分行、合并及关停国内分行等。同时，为了“强化管理体制”，兵库银行从日本央行和大藏省聘请了各类顾问。

实际上，银行局在这时也想着从股东金融机构派遣人才过去，而对最大股东——住友银行进行非正式的打探。

不过，住友银行对人才派遣这一支援政策抱有强烈的担忧，并且主张应该由兴业银行等其他多家金融机构派遣人才为次要条件，毫不让步。另一方面，在接受人才的兵库银行内部也有这样的情况：在实际业务经营部门，对直接压下来的住友银行的人才派遣也是面露难色。

结果，从住友银行进行人才派遣并未实现，兵库银行作为大藏省、日本央行的“管理银行”重新开张。

成为悬案的关联非银行金融公司利息减免方案经过长时间谈判，终于在12月末谈妥。

兵库银行以利息零，大型金融机构与法定利率相同（3.25%），地方银行、生命保险和损害保险（简称“生损保”）与短期最低利率相同（4.75%），农林类等其他金融机构还是无利息减免为标准，帮助关联非银行金融公司走出了困境。①

① 兵库银行的资金运作在11月底再次陷入困境，随后它从日本央行、住友、兴业之类的银行得到了支援融资，再次渡过难关。

日本央行干部回忆说："大藏省对兵银问题的认识，从1992年8月讨论开始以来，一直都太浮于表面了。"但是，就连日本央行在此时都完全没将兵库银行的经营破产纳入视野中。

政府方面没有一人注意到兵库银行或日债银会是"金融危机之门"。这时已经没有时间去窥探吱呀打开的大门另一边的情形了。

那是因为，这个时期政府正在为突然逼近的住专问题而伤脑筋。

住专圈套

1992年秋，大藏省银行局，气氛阴郁。

"这是意味着有破产的可能性吧。"

面对如此发问、表情阴沉的寺村，管理住专公司的金融公司室负责人沉默不语。

作为讨论的基本方案，一份把1992年9月末针对住专七社的融资额及过去3年平均业务纯利润数据，按业态、按主要银行进行比较制成的一览表被呈递到局长室。

对住专公司的融资额究竟是收益的几倍？比方说，都市银行的融资额（13 567亿日元）是其平均业务纯利润（16 306亿日元）的0.83倍，地方银行也有0.98倍。在这种计算中，些许的损失可以用收益来吸收。

可是，以下机构损失与收益的比率是惊人的：

农林系统金融机构：23.47倍。

日本长期信用金融机构：7.09倍。

日本债券信用金融机构：9.19 倍。

安田信托金融机构：16.20 倍。

东洋信托金融机构：11.33 倍。

中央信托金融机构：16.33 倍。

日本信托金融机构：18.00 倍。

农林系统金融机构的年业务纯利润为 2 386 亿日元，而住专公司融资额有 56 000 亿日元。哪怕按 1% 的利息减免标准，基金年收益的 1/4 也就化为泡影了。之所以农林系统到最后都要求“约定好的利息”就是这个原因。

但是，比这更麻烦的问题是一部分“一头栽进”住专公司的长期信用银行和信托银行。考虑到超过收益 10 倍的融资额，加上除住专公司以外的其他不良债权，很明显住专问题的“此时一并处理”将给他们的经营带来无法承受的重创。

银行局此时撰写的资料中做了如下记载：

→ 如果弃之不顾的话，住专各公司都将倒闭。

→ 给长信银、信托，一部分第二地方银行，一部分生命保险带来沉重打击，这对体系来说是致命的。

→ 会发生抵押证券的信誉问题。

→ 其他独立体系的非银行金融公司也将倒闭，对一部分地方银行、第二地方银行打击更甚。①

① 摘自 1992 年 11 月 24 日的银行局记录《关于住专问题》。

曾负责住专问题的金融官员发表了这样的证词。

“住专问题容易被当成农协（农林协作组织）问题，但实际上也是长信银、信托问题。我一直认为必须避免从中冒出的系统风险。”①

虽然日住金在8月17日同意了9家主要出资行的利息减免案，但是到了第二年的2月，资金运作再次陷入僵局。

这意味着8月的一致意见，只不过是“当时（日本央行相关方）救急的结果”。当时，大和银行等次级母行暂且达成一致意见的背后，有大藏省积极的说服行动，加上作为主要银行的三和银行再次准备“根本性的重建方案”这一约定。②

1992年10月，当兵库银行的非银行金融公司问题有了眉目之时，在银行局再三的督促下，三和银行制订出了第二次重建计划的利率方案：

三和、樱花银行：1.5%。

其他金融机构：3.25%（法定利率基准）。

农林系统金融机构：4.75%（短期最低利率基准）。

这是份扩大了利息减免范围和对象的方案，但银行局的负责人立刻意识到了问题点。根据之前汇总的兵库银行和日债银的关联非银行金融公司的利息减免政策，母行的利息明明是零，可是现在变成了1.5%。农林系统金融机构的利息之前是没有减免的，可是这次却要求下调。很

① 所谓系统风险就是个别金融机构的经营问题扩散，引发金融体系全局混乱和动荡的风险。

② 1992年11月12日本央行记载：8月，在金融支援政策上达成一致之时，母行之间约定：要考虑支援金融机构的扩大，母行间的利息减免差距。

明显这对母行来说是很宽松的计划。

还有，全年利息减免总额为698亿日元，日住金盈亏预测的最高赤字额低于959亿日元，第六年之后的预测并未显示。

“为什么重建计划中母行的负担减轻了，而且没有最终展望?”

根据银行局的记录，面对负责人的提问，三和银行这样回答：

→ 日住金本来没有存续的意义，事实上已是倒闭公司。但是，鉴于它对社会的影响等因素，要办理破产手续非常难，可以说不得已只能用所谓的近似倒闭的方式进行处理。

→ 倒闭之时，原则上债权者平等，应根据债权的余额来承担责任。虽然一律实行利息减免，但是农林系统金融机构限定于短期最低利率，三和、樱花银行只能承担略多些的份额。

→ 由于农林系统也是金融机构，想要融资不可能没有风险。虽然这是很重的负担，但三和银行和樱花银行这样的个别金融机构没有理由实施救济经营。实际上，这也是不可能的。

→ 和直系非银行金融公司不同，从本行的立场出发，对日住金不应该承担任何经营责任。日住金的经营均由庭山社长做出判断。①

① 根据银行局记录《关于三和银行对日住金重建计划的重新评价方案》，上面写着：“关于三和银行6月拿出的《A案》（不良债权分离方案），地价大幅下跌且看不清方向的现阶段，本行无法回应，也无法取得他行的同意。”后自行撤回。

“近似破产”这个词，流露出了三和银行对日住金再建的冷淡态度。当时，和三和银行首脑会谈的日本央行干部这样回想道：

“三和银行并没有把这当成是自己的问题去思考。他们觉得大藏省不会见死不救，肯定会伸手援助做点什么。虽然他们（对日住金）说不可以贷款，但又说他们怎么可能连贷款之类的事情都顾及。”

由于主要银行逃避责任，再建计划不可能实行。到了11月，各当事者间的交涉毫无进展，时间白白流逝。

11月下旬，焦虑的银行局开始行动了。

就这样放任不顾的话，日住金将在明年2月资金运作破产，由此波及其他住专六社，金融体系将陷入大混乱的局面。

领受特命的讨论小组，首先估算了关于包括住专公司在内的不良债权处理的整体概况。

→ 宏观推算出的整体不良债权为50兆日元，假设损耗率为20%，想在5 ~10年内处理掉的话，每年的负担额为2.5兆 ~3.5兆日元。要用业务纯利和股票账外收益的账外利润来处理的话，根据以下计算推测可能实现。

盖着红色机密印的纸上，写着令人震惊的估算结果：

一般金融机构的不良债权合计50兆日元（住专公司7兆日元、非银行金融公司22兆日元、不动产业18兆日元、其他3兆日元），以当时的土地价格水平为前提，资本损失率设定在20%，则推算损失额为10兆日元。

至1992年9月底为止，21家大银行公布的不良债权总共为123 000亿日元，而另一边，银行局做好了近4倍规模的心理准备。①

根据估算，在此基础上，5~10年处理10兆日元损失的话，每年的负担总额会是2.5兆~3.5兆日元。②

与此相对，全国银行过去3年间的平均业务纯利为3.3兆日元。在此以维持分红为前提扣除税前利润（1.2兆日元），剩下的2.1兆日元完全可以用作损失处理。

做减法的话，每年缺0.4兆~1.4兆日元，1992年9月末全国银行有价证券的账外收益是19.4兆日元。计算上是“可以处理”的。

这个推算是支持银行局倡导的“分阶段、有计划地实施处理”的大方针的绝佳材料。即使无法实现即时处理，但花上5~10年处理住专问题的话，可能可以回避金融体系的混乱以及减轻随之而来的国民负担。

在基于估算结果进行的局内干部会议上，还讨论了投入公共资金的可能性。

这时，日本兴业、日本长期信用和住友银行向银行局提出了以动用公共资金为目标的住专问题处理方案。银行局干部发表证言说，一部分都市银行中也有“在农业预算的允许范围内投入公共资金来填补损失的话，比较容易获得国民理解”这样的意见。

但是，在干部会议上再次确认了7月以来的基本方针：“在银行没

① 羽田大藏大臣在1992年10月30日公开了不良债权。记者见面会上，羽田说明：“不良债权的增长势头正在减缓。”并阐述了：“由于将近15兆日元的股票账外收益的存在，虽然要花费一些时间，但是可以处理。”

② 一年需要处理的资本损失额为1兆~2兆日元，再加上年间利息负担额1.5兆日元。利息设定为一年6.0%。

有负债，并持有巨额股票账外收益、持续股东分红的状态下，导入公共资金并不合适。”在此基础上，总结了如下两页 B4 纸的应对方针：

→ 根据市场利率来筹措、运用的公共资金无法成为救济住专公司的有效手段。

→ 如果要投入国民的税金，即使限定对象，最终结果也必然与“银行救济”联系在一起。

→ 换言之，通过国会和大众媒体，“在使用公共资金前请公开银行的全部实际状态”“银行职员的工资应该削减，应变卖土地和建筑，经营者应当负责”“请公开所有不良债权”这样的议论会持续升温，同时谣言四起，将会导致恐慌的发生。

→ 开始实施日本央行特别融资也就意味着将金融体系的危机公开，诱发恐慌的应对方针最终将会发展成如下结果。

在应对方针的最后，这样总结道：

→ 导入公共资金有很多弊端，而且对整体金融机构来说成本反而是提高的。所以，应督促所有相关金融机构综合考虑自己的责任和承担能力去努力，在此基础上把它当成是总体系统问题进行应对。①

---

① 根据银行局记录《关于对住专公司的公共支援》。

排除了公共资金这一选项后，银行局决定采用既非母行原则，也非贷款方原则，而是在与三和银行的第二次重建计划所不同的“抱有最终展望的利息减免计划”上达成协议的方针。这是11月末发生的事。

只是，这里对地价的“预知能力”是绝对欠缺的。

要引导利息减免计划成功，有一个必须的条件，那就是使担保不动产的价格止跌于一定水平。如果大幅度持续下跌的话，计划一定会失败。不仅如此，很有可能在后来被批评成是“期待地价反弹上升的简单拖延方案”。

后来寺村这样回忆道：

“如果地价进一步下跌，计划当然会流产。前提条件如果有变化，我们也必须改变与此对应的方案。但是，在那个时候，谁也不知道地价究竟会跌到什么程度。面对不确定的未来，想要在地价大幅且持续下跌的前提下制订再建计划，本来就是不可能的。”

否定公共资金，为积极重建住专公司的银行局敲响警钟的是日本央行。

12月25日下午。在1993年年度预算案的阁僚谈判那天，冷清的大藏省4楼的局长室里，日本央行理事小岛邦夫与寺村相向而坐。

小岛端正坐姿，开始报告。

“本行内部研究的结论是：住专公司已经没有了继续存在的根基，只能清理。”

寺村的表情突然阴沉了下来。

“但是，如果立刻使它破产，影响太大了。那么……”

小岛一边看着手边的资料，一边提出建议：

→ 用大约10年时间清理住专七社。

→ 尽早制定包括分期偿还、收容公司设立的具体方针。

→ 为此应该尽早让融资金融机构决定损失的分担。

→ 处理过程中必须投入公共资金。

小岛最后说："日本央行认为必须尽早朝着这些方向行动起来。如果处理晚了，那么一年内将会逐渐累积4 000亿日元的损失。"

"这是董事会上协商出的方案。"

寺村对来自中央银行的出乎意料的"圣诞礼物"感到很棘手，负责科长们也强烈反对。

自"抱有最终展望的利息减免计划"的方针被制定以来，才过了3周时间。激烈讨论的最后，日本央行的提案触怒了大藏官僚。

为了说明提案的细节而前来拜访的信用机构科科长白川方明，感受到了银行科科长们的激烈责难。

"身为日本央行信用机构科的科长，居然说出要投入公共资金之类的建议真是不像话。"

言外之意即："你认为公共资金的投入可能实现吗？不懂政治的人就是这样让人头疼。"

对于小岛的提案，官方回答最终是"不"。日本央行方的记录中，这么记载当时的理由：

"公共资金的导入是不合适的，而且无法向个别金融机构提供关于损失分担的说服力强的方案。"

在此基础上，银行局开诚布公地告诉日本央行想要用利息减免计划来说服相关金融机构，并且反过来要求协助。对寺村来说，已经到了寸步难行的地步。

扔出去的球又被踢了回来，日本央行为此很伤脑筋。

原本住专公司并不是日本央行的交易方，想要自主地去干预也没有方法。干部认为：拿出具体方案也是为了躲避金融危机，现在的银行局说着“用利息减免来渡过难关”，如果再顶撞的话，就显得很小儿科。

“关于利息减免，这总比当事者互不让步弃之不理要好，可以评价这是时间有限的情况下能避免最坏事态的补救措施。但是，关于损失分担的讨论尚有余地，这很关键。我想，根据情况，有必要一年后考虑根本性的修改。”①

在内部得出这样结论的日本央行，向银行局进言：

“一开始可能是这样的情况，抱着各种各样的问题先推进，以后可能会发生争论，到那个时候各方再坦诚地讨论。即使采用现方案推进，也可能会有损失，对这一点要做好思想准备。”②

在大藏省和日本央行在日住金的第二次重建方案上步伐一致之时，1992 年刚好落下了帷幕。

“住专问题究竟是怎样考虑的呢?”

林义郎取代羽田，成了财政大臣，③ 1993 年 1 月 12 日，寺村走进大臣办公室，接受他的垂询。

寺村告知了住专公司实质的延滞债权已经扩大到 7 兆日元，有必要

① 摘自日本央行内部资料。

② 摘自日本央行内部资料。

③ 1992 年 12 月 11 日，内阁进行了改组，宫泽起用了羽田的后任宫泽派事务总长。

重新评价重建计划，然后又耐心地做了如下说明：

“住专问题的背后，涉及金融机构的过度贷款，金融机构应该自己负责处理。我认为投入公共资金解决住专问题，这一做法难以获得理解。”

“这样一来，将会花费大量的时间，不得不通过利率减免的方式加以应对。估计要达成一致意见困难重重，但是就本局来说，将继续在暗中推进，竭尽全力”。①

林了解了银行局的应对方针，银行局即刻开始游说相关金融机构。

恰好在那个时候，由于经济不景气，法定利率将进一步下调的预测愈加强烈。如果顺利的话，母行法定利率下调至零，普通金融机构下调至2.5%，农林系统金融机构则下调至4.5%的方案有可能实现。银行局深信，根据三和银行的提案，年利率援助额远远超过160亿日元，扩大到860亿日元，看到了“最终展望”。

但是，三和银行和农林系统金融机构又一次进行阻挠。

三和银行方面坚持，是身为大藏省前职员的庭山社长导致了今天的事态，因此，三和银行不应该承担经营责任，不能实行零利率政策的方针。

农林系统金融机构坚持主张，在农林系统内，“以不承担一切责任为条件，维持融资额”，不愿放弃出资方责任论。

只要身为主要银行的三和银行没有动作，农林系统金融机构自不必说，其他的母行和普通金融机构也撼动不了。做出这样判断的银行局，将当前的目标锁定在三和银行，开始了直接游说。

---

① 摘自给林大藏大臣的说明资料《关于住专问题》。

同时，农水省经济局帮助说服农林系统金融机构配合实施利率减免方案。农水省也知道，万一没能达成一致意见，日住金破产的话，农林系统金融机构的一部分就会崩溃。因此，银行局首先对三和银行进行劝说，然后，农水省对农林系统金融机构进行游说，两阶段的游说工作就此展开。

1月29日傍晚，寺村出席了和三和银行行长渡边滉的首脑会谈。

日住金的资金运作，到2月中旬可能出现短缺的情况。寺村竭力说服三和银行称："为了金融体系的稳定，住专问题必须加以解决。政府今后也会尽最大的努力，因此，希望三和银行能够从大局出发，做出努力。"并提出了两点请求：①

(1) 实行包括最终展望的方案。

(2) 相关的金融机构全部承担相应的责任，母行也必须做出表示：不会在中途放弃。

对此，当初反对称这是"庭山社长的责任"的渡边，也以"为了确保金融体系的稳定"为由，勉强同意了。

但是，继三和银行之后，农水省的交涉却进展不畅。

农水省方面对农林系统金融机构的说辞做了如下说明：

"讨论第一次重建计划的时候，母行以不会给农林系统金融机构造成任何困扰为由，恳求他们不要撤回融资。要重新考虑这一计划的话，就不得不考虑收回本金。"

对此，大藏省恳求道："重建7家住专公司，会制订切实可行的重

① 摘自《寺村、渡边会谈纪要》。

建计划。因此，希望能够通力合作。”

和三和银行一样，农水省的态度也很坚决，但是在想要规避日住金破产这一点上，农水省和大藏省的利害关系是一致的。

农水省方面逐渐展开条件谈判，指出“本系统认为，如果不能确定母行是否真的有意向重建，就不能予以合作。”逼迫银行局出示重建的证据。

农林系统金融机构陆续提出条件：

（1）优先偿还本金。

（2）利率上升时，重新评估适用利率。

（3）日本央行提供援助等，并要求将获得同意的事项全部以备忘录的形式进行保存。①

针对某个行政课题，省厅间意见达成一致时，互换被称为“备忘录”的非公开文书，这样的情况在霞关并不少见。

备忘录是没有法定约束力的，是类似君子协定一样的东西，因此，互换备忘录就避免了“说过”“没说过”的争论，有记录省厅间的“交易”的意味。在预算谈判时，每年都会互换大量的备忘录，大藏省和邮政省围绕存贷款利率的冲突，大藏省和日本央行之间有关破产处理对策的对立，也会通过备忘录达成最终协议。②

因此，寺村在听闻要求互换备忘录时，没有丝毫犹豫地交代继续进行谈判。

---

① 大藏和农水两省的对话，由1996年2月15日、16日，众议院预算委员会会议记录以及相关人员的证言构成。

② 例如，银行局局长和邮政省储蓄局局长于1991年7月，交换了记录利率自由化缜密计划表的备忘录。其中银行局记载有“不反对在邮局处理国家公务员工资的转账问题”。

在事务层面进行商讨的备忘录，时刻都会发生改变。在最终的文书里，按照农水省方面的要求加进去的部分，没有记录在最初的方案里，而是以括号的形式加以记载，如下所示：

备忘录

（大藏省和农林水产省）就日本住宅金融公司的重建援助之事，如下记录，双方抱着诚意（为了使当事人之间的协议能够顺利进行）进行应对。

（平成五年2月　日）

（大藏省银行局局长　寺村信行）

（农水省经济局局长　真锅武纪）①

（1）让出资金融机构做了如下几点承诺（书面）：

①针对日本住宅金融公司的重建问题，出资金融机构要遵循重建计划，承担责任，积极应对［大藏省有责任指导农林系统（金融机构），以使其不必承担超过这次措施范围的责任］。

②略。

（2）关于农林系统（金融机构）对日本住宅金融公司贷款利率减免的程度问题，基于以下几点（并且以出资金融机构利率零、普通金融机构利率2.5%为前提）确定利率为4.5%。

---

① 当初的方案中没有人名，只是写着“大藏省、农水省”，之后改成了“大藏省、农林水产省”，根据农水省方面的请求，决定暂且先写上事务次官的名字，最终由局长签名。此外，关于日期的问题，当初的方案省略了“平成”“月”“日”等字，随处可见大藏省想把文书弄成非正式的意图。

> ①虽然是固定利率，但是，根据今后金融情势的变化，农林系统（金融机构）的经营出现大问题时，大藏省和农林水产省有责任进行商议和处理。
>
> ②略。
>
> （3）农林系统（金融机构）对住专的利率减免，从它的实力来看非常严苛，基于此，日本央行要做出调整，对农林中央金库进行必要的资金融通（这一融通以普通日本央行贷款的形式进行。此外，对于本项，不得对外公开）。

虽然在文书中没有加题目，但是根据农水省的要求，明确记为“备忘录”。此外，农水省要求署名不是局长而是事务次官，但没能获得认可。

寺村看了文案，觉得是不是让步太多了。

不过，时间紧迫。事实上，只有获得农林系统金融机构的同意，“可重建”的利率减免方案才能实施。虽然加了许多条件，但和日住金破产的冲击相比，不是什么大不了的问题。毕竟，备忘录是非公开的，不会被发表出来。

寺村这样说服自己，果断地签上了名字。

但是，备忘录里还有一个难题。

为了将日本央行向农林中央金库进行“必要的资金融通”这项加入备忘录里，必须获得日本央行的理解。但是，面对银行局审议官小山嘉昭的试探，信用机构局局长本间忠世当场拒绝了。日本央行当时的应对方针在文书里留有记录：

> → 在本方案中，不应当使用日本央行贷款。即使考虑贷款，也只限于在住专公司处理过程中，个别金融机构出现问题时进行资金运作援助，因此，考虑是个别的、有限定的。[①]

日本央行贷款是金融调节的关键，将之用于住专问题处理的“内部谈判”中这算怎么回事，不知怎的有种不信任感，本间明确地说：

“这种内容不能加进备忘录里。”

但是，小山也没有退让。

当时见证两人交锋的信用机构局的负责人提供了如下证词：

“与其说是探询，不如说更接近于通告。本间局长进行了激烈抗议，但被告知，已经这样写了，真是令人十分棘手。”

令人惊讶的是，这场争论的最后，以大藏省“无视”日本央行的反对而告终。该方案没有得到本间的理解，就像原方案一样保留了第三项目。

并且，日本央行干部证实，那个时候，大藏省没有将完整的备忘录给日本央行看，只是单方面送交了第三项的部分，以寻求事后承诺。

本间等人暴跳如雷，立即提出了如下请求：

“本行对于这件事，要脱离一切关系。”

日本央行了解了备忘录的全部内容时，已经是住专公司处理成为政治问题的两年半之后了。这样一来，对于银行局的不信任感逐步扩大到

---

① 摘自日本央行内部资料。

日本央行内部。[1]

阻止日住金的破产，坚守金融体系，发起号召的银行局已经无法退步了。

银行局为了履行备忘录的第一项，迫使母行十分不情愿地以联名的方式立下下面的字据，并将副本交给了农水省：

> → 关于本公司重建问题，本公司将在政府的指导下，在与所有相关金融机构达成一致意见进行援助的基础上，从金融体系稳定的角度出发，遵循重建计划，承担责任加以应对，也希望政府能够予以理解，进行协助。

无论是备忘录还是字据，都十分谨慎地加上了“霞关修辞”，银行局却不屑一顾，[2] 认为“即使文书写得很令人期待，但内容上没做任何保证”。况且，银行局就没有打算公布这一文书。

2 月 26 日，经过长期交涉之后，9 家母行终于在利率减免方案上达成了一致意见。[3] 这样一来，农林系统金融机构也予以回应，7 家住专

① 之后，寺村自己也流露出对于第三项的担心，因为第三项和日本央行的独立性有关联。但是，在当时银行局的内部文书中明确写着，为了缓和利率减免对农林系统金融机构带来的打击，“日本央行有必要提供 8 000 亿日元左右的资金”。

② 在 1996 年 2 月 15 日的众议院预算委员会上，寺村进行了说明：“完全没有触及本金保证问题。虽然有那样的请求，但（在备忘录中）没有做出回应。”农水省经济局局长真锅接着进行了答辩，但也没有否认寺村的见解。

③ 由于母行不愿意提交字据，银行局劝说道：“不是正式的盖章，用橡皮章也是可以的。”此外，在母行会议期间，银行局为达成一致意见向母行施加了猛烈的“压力”。这些都在汤谷升羊、辻广雅文的《住专公司崩溃文书》（钻石社）中有详细记载。

公司的第二次重建计划以日住金为模型，渐渐谈妥了。

首相宫泽在听闻大藏、农水省意见达成一致后，围绕住专问题，进行了如下国会答辩：

“虽然相关者不可避免地要承担严苛的自我责任，但是，我想据此就能解决问题，并且不会给国民带来困扰。”①

事务次官尾崎护也打电话给大藏省前同事，似乎很开心地说道：

“住专问题得以解决，松了口气。”

为了规避金融危机，银行局运用了所有的权能，有时甚至采取强制措施，终于使相关人员达成一致意见。达成预期目的，干部们也得以挺起胸膛。

此时，谁也没有想到，之后此方案会遭到世人的谴责。

日本央行的气魄

这一年，也是暖冬。

全国的平均气温超过往年，在东京，最低气温没有一天是低于0℃的。

日本央行的调查员于1993年2月离开东京赶赴仙台，此时日住金问题的解决迎来了高峰。

交给信用机构局年轻调查员的使命只有一个，在不造成混乱的情况下，将岩手的釜石信用金库引至破产。

---

① 摘自1993年2月5日众议院预算委员会会议记录。

釜石信用金库是一个以釜石市为中心、有12家分支机构、存款额达457亿日元的小型信用金库。釜石市过去是凭借制铁和远洋渔业繁荣起来的，后来由于停止炼铁和200海里管制而逐渐衰退，加上融资审查的不严格，资产急速恶化。

据日本央行干部称，釜石信用金库自1990年开始就已经被信用机构局列入了“破产预备军名单”。1992年3月决算时呈现赤字状态，1992年夏天，据日本央行审核，明确申明债务大幅度超额，事态自此爆发。

根据审核结果，信用机构局和银行局负责人商定的结果是：“还是要必须处理。”1992年年末，针对破产处理，大藏省实施了检查，同时，岩手银行被指定为接管银行。

日本央行多个负责人提供证言，大藏省的中小金融科指示道：

“总之先合并。”

在那以前的破产处理，基本上毫无例外地采取了“合并救济方式”。基于存款保险制度，1992年4月伊予银行对东邦相互银行、1992年10月三和银行对东洋信用金库分别实施了救济合并。早前，和平相互银行遭遇危机时，也没有使用存款保险，而是凭借住友银行的吸收合并渡过了危机。这次也效仿前例进行处理。

但是，岩手银行坚决不答应合并。

尽管大藏省的外派机构——东北财务局提出强烈请求，但行长佐藤光仍然表示，“合并很麻烦”“难以承担店铺及职员的费用”“拒绝承担未来的风险”，不予理睬。

为了笼络佐藤，日本央行将信用机构局和审查局的两位负责人派遣至当地，就利用存款保险制度进行处理的方案予以说明，但仍是徒劳。

实际上，岩手银行是为数不多的，在昭和金融恐慌时期，为了强化经营性质，依靠县里出资的地方银行之一。为了不忘记当时的经历，岩手银行将昭和金融恐慌的历史编成小册子，现在在职员研修时仍然使用。行长佐藤将那本小册子拿给日本央行派来的负责人看，说道："不管是多么小的金融机构，都必须用自己的眼睛仔细地观察，而不是轻率地说是因为接受了上级的请求。"

但是，尽管如此，东北财务局在年后用"除了合并之外别无他法"，对岩手银行加大了压力。

为了打开局面，日本央行和岩手银行进行了私下交涉。因为总行所在地盛冈市很引人注目，双方派事务负责人前往仙台，探寻"可行的破产处理方案"。

于是信用机构局的调查员和田哲郎被派往仙台。

和田此时39岁，是信用机构局唯一被委派来处理个别金融机构问题的人。东邦相互银行、兵库银行、大阪府民信用合作社全都是由他负责的。

和田有所行动，也就意味着破产处理开始了。

日本央行的信用机构局是1990年组织改革时成立的新部门。

这是三重野康就任总裁之际，为了加强金融企划能力而成立的部门，当然，并不是因为预期到了后来的平成金融危机。

当时加入机构改革商讨小组的日本央行干部提供证言："当时的认识是，金融自由化开始，有可能会出现几家经营变糟的金融机构。"信用机构局的成员们也并没有太大的危机感。

但是，1990年6月，成为第一任局长的本间忠世却对三重野的指示感到颤抖。

"本间君，今后随着金融自由化，银行的经营将变得愈发艰难。因此，请你们研究一下银行的倒闭方式。"

"倒闭方式吗？"

"是的，请研究下倒闭方式。"

本间自己在任前桥支行行长的时候，曾参与过信用合作社的破产处理。但是，破产主导权完全掌握在财务局手中，他并不知道详细情况。就算对他讲"银行的倒闭方式"，他却连不良债权的分类方法也不清楚，甚至对于之后成为焦点的"实质债务超额"的概念都没能充分理解。

接受总裁命令的本间，于6月末急忙开始了欧美的巡游。首先，他听取了纽约联银副总裁的话，接着在华盛顿听了美联储审查局局长的演讲。随后，他远渡大西洋，在伦敦与英格兰银行理事、在阿姆斯特丹与荷兰中央银行理事进行了会面，听取了破产处理的手法和过去的经验。

本间和信用机构科科长白川结伴进行的"研修旅行"长达两周时间。掌管金融体系的局长和科长双双离国两周，说明这一时期情况还没有那么严峻。

两人回国后，于1990年8月成立了干部级规划小组。除了信用机构局、审查局外，负责金融政策的企划局、实施金融调节的营业局的负责理事和局长聚集到一处，基于白川撰写的那一张纸，进行了每周一次的讨论。

经过将近半年的讨论，规划小组于1991年1月对破产处理的基本原则有了定论：

（1）对实际破产的金融机构进行处理。

（2）大藏省和日本央行合作处理。

(3) 在处理之际，活用存款保险的资金援助。

(4) 有系统性风险时，使用日本央行的“最后贷方功能”。

以上任何一条都是此后破产处理的常识，这一点当时尚未被认识到。

首先，审查局拼命咬住“实质破产”的含义：

“虽说实质债务超额，但是并不存在客观的基准。不同分类的债权，根据预估的损失程度，数字会发生改变。用实质破产这样模糊的概念来进行破产处理，怎么样？”

金融机构在大藏省检查和日本央行审查的时候，基于融资对象企业的付息情况，将贷出的资产分为4个类别，自我申报资产的健全性，接受政府的核查。

如果在支付本利方面不存在问题，为“非分类”（无核查）；如果认定了利息支付有所拖欠，融资条件宽松等超过平常的合适度而具有风险性时，则为“第二类”（S核查）；如果还没有破产，但是对于最终收回和价值有重大不确定性的债权为“第三类”（D核查）；此外，融资对象在法律上或者实际已经破产，不可能收回资金或者判定为无价值的情况下，则为“第四类”（L核查）。①

对此，审查局将L核查的100%以及D核查的“必要金额”从资本中扣除，在此基础上判定总资产和总负债是否平衡。不同类型的债权，预估的损失程度不同，判定结果也会发生改变。审查局主张的“实质破产”并不像说的那样简单。

---

① 第二类、第三类这样的称呼是大藏省用的，日本央行使用的是S核查、D核查的。S是“Substandard”（标准以下）、D是“Doubtful”（有疑问），L是“Loss”（损失）的首字母。

关于基本原则的第二条，大藏省和日本央行合作，也不乏怀疑的声音。围绕金融政策和银行行政，大藏省和银行局常常相互对立。虽说要统一步调、全面合作，但不信任感不是那么容易拭去的。

第三条“存款保险的活用”也没能顺利获得认可。

在金融机构面临危机时，日本央行进行放款。人们坚信，日本央行进行机动性的贷款是中央银行的职责所在，也是力量的源泉。

一名干部回忆道：“在日本央行内部，存款保险的正当性还没有被完全认可。”

的确，如果以法定利率借入资金，就这样用于市场的话，确实能够产生收益。股东也好、银行局也好，都有着强烈的欲望，想要依靠日本央行的贷款。

但是，本间毅然地进行了反驳。

“接下来要面临的问题，并不是那种层次上的事情。”

金融机构产生的损失如果是数十亿日元的话，凭借日本央行贷款的收益援助，是能够填补的。但是，由于泡沫经济崩溃，产生了超过数百亿日元或者上千亿日元的损失，凭借收益援助的方式是不可能弥补的。

假定实行利率差为1%的收益援助，根据计算，要想填补100亿日元的损失，就需要1兆日元，填补1 000亿日元的损失则需10兆日元的贷款。本间解释称：“事到如今，不使用存款保险，已经不能填补损失了。”

这个原则后来在被称为圆桌会议的董事会上得到认可。①

---

① 在旧《日本银行法》下，总裁、副总裁、理事召开每周4次的董事会是实质上的决策机构。因为董事会是围着圆桌举行的，因此被称为“圆桌会议”，但随着1998年4月《日本银行法》修正案的实施，政策委员会无论是在名义上还是实质上，都被定位为最高机构，董事会被废除，之后这些圆桌也仅仅作为会议桌使用。

不过，这里的一系列争论后来成为显露出的金融体系问题的“原点”。

“实质破产”认定方面的困难，成为延缓破产处理时机的重要原因之一。此外，未能弥补损失的问题，在几年后导致存款保险的财源不足，进而发展成公共资金论。

再者，本间和白川在这一时点都没有预想到，通过日本央行贷款进行收益援助的好坏，会改变法定利率本身。

1993 年 2 月，信用机构局紧急派遣的调查员和田哲郎，在仙台市内和岩手银行的干部进行了秘密会面。

“进行了多方讨论，还是无法判定是否合并。”

就像预想的一样，岩手银行并没有救济合并釜石信用金库的意思。和田认真地听取对方的话语点点头，他确信：

“只有营业转让了。”

在东邦相互银行的破产处理方面，史上首次运用了存款保险，在东洋信用金库的案例上，采用了“分割转让的方式”，将店铺和资产转移至以三和银行为中心的多家金融机构。

不过，无论哪一种方式在法律上都是“合并”。即使金融机构因为债务超额而破产，也不能百分之百地追究出资者的责任。

但是，如果是营业转让的话，将资本全部用于填补损失是可能的。这有利于出资者责任的明确，防止道德风险（经营伦理的废弃）。因为可以将资产和负债全部转移，也就能够维持金融机能。

这种方式和美国的 P&A（资产、负债继承）方式近似，在欧美，这是破产处理的主流方式。

日本央行干部回忆道："我们认为不能反复使用同一种处理方法，哪怕一点点，也必须使处理方案有所'进化'。"

不知是幸运还是不幸，关键角色岩手银行违反大藏省的指示，称讨厌合并。但是，又没有其他接管银行。

和田发现了千载一遇的好机会，除了岩手银行，全国信用金库联合会也卷入进来，他决定仔细研究营业转让方案。当然，对大藏省保密。

釜石信用金库的处理方案中，采用了几个划时代的方法。

第一，接受岩手银行方面"用自己的眼睛仔细地观察"的想法，让其和全国信用金库联合会一起直接对转让资产进行详查，看看是否有欠缺，并首次实行了后来被称为"尽职调查"的买方资产评估方式。

第二，由于岩手银行主张只接受健全资产，全国信用金库联合会设立了接管不良债权的债权回收公司。这一主意在之后的各种破产处理中得以运用。

第三，使用日本央行贷款的收益援助，首次没有列入处理方案中。在东邦相互银行、东洋信用金库的破产处理上，大藏省称"既然启动了存款保险，也要向日本央行寻求一定的协助"，将收益援助列入方案中。

想尽早逃脱这一先例束缚的信用机构局，有意识地制订了不包含收益援助的处理方案，并取得了岩手银行、全国信用金库联合会的同意。

"自己对债权进行详查，互相取得同意后才下决断，在这样的情况下，我们就没有参与的余地。"

和田通过这样的说明劝说相关人员。

但是，事情却朝着出乎意料的方向发展。

尽管方案决定向出资者进行问责，但全国信用金库联合会提出"希望全额弥补出资者的损失”。

打听一下会发现，新日铁釜石制铁所高炉里的火熄灭之后，很多老员工将退休金用于釜石信用金库的出资金额中，因为他们盲目相信了“比起存款，作为出资方更为有利”的说明。

日本央行内部也有意见称：“这是助长道德风险的行为，不看好。”但是，听闻釜石信用金库的内情之后，却难以提出反对意见。

处理方案中将出资金额用于填补损失。只不过，之后全国信用金库联合会却作为“慈善机构”对出资者进行了相同金额的捐助。

“由于是全国信用金库联合会自发的做法，没办法予以阻止。”对于关键出资人责任的追究，只能向后推迟。①

银行局局长寺村在看到釜石信用金库的处理方案之后，对于没有将商誉费算在内感到很吃惊，并追问道：“真的是零吗?”

所谓商誉费是将金融机构的营业权用金额表现出来的价值。在需要获得营业执照，并且不允许自由开店的金融业，店铺转让也就意味着提高收益力。因此，在救济合并和营业转让时，有必要从处理金额中加上商誉费，由接管的金融机构负担。

但是，岩手银行主张，釜石信用金库的网点“没有价值”。除了岩手银行，当地数家金融机构都接手了店铺，每一家都称商誉费为零，政府也不得不予以同意。

寺村在这个时候意识到，原来形态的分支机构管理系统正在逐渐崩溃。

---

① 这一决定后来遭到了专家们的严厉批评。高尾义一在《金融通货紧缩》（东洋经济新报社）中指出：“这更加助长了道德风险，对于金融秩序的稳定产生了更为恶劣的影响。”

在此之前，银行局行使网点开设和金融商品开发的审批权，掌控着金融界。但是，金融自由化使得原来的裁夺权变狭窄。①

寺村回想道：“店铺变得自由化，银行没有必要再听从监督当局的话。这是代表这一现象的具有象征性的事件。”

基于营业转让方式的釜石信用金库的破产处理，于1993年5月24日予以公布。

岩手银行和日本央行根据审计结果开始了商讨，自那以后又过去了半年多。日本央行干部称，之所以需要那么久的时间，是因为银行局和东北财务局“一直到最后都在合并上面纠结”。

金融体系问题的解决迟迟没有进展，信用机构科科长白川对此感到很焦急。

同时他认为，在科长任期届满的1993年春天之前，必须定好“未来的道路”。

白川一边留心着釜石信用金库的处理，一边埋头撰写文书。参考精通实务的和田的意见以及部下的调查，他写完了题为《关于当前金融体系问题的应对》一文，于1993年5月提交董事会。

6页A4纸的文章加上举证、补充的18种附加资料形成了厚厚一本文案，白川首先通过图表展示了21家大型银行的不良债权总额达30兆~50兆日元，预测其中的30%有损失的可能。仅城市银行、长信银、

① 为了将“超额利润”控制在一定范围内，银行局在第二次世界大战开始前对银行的网点实行控制，通过控制利率进行调控。但是，随着金融自由化，这些控制进行了阶段性的放松，到1997年为止，网点设立数量、设立场所等规制全部被废除。据银行局干部回忆：“其他银行看到岩手银行果断拒绝了（合并的）请求，也定会认为可以不听政府的话。”

信托银行的损失就达9兆~15兆日元。①

在此基础上，《关于当前金融体系问题的应对》还估算了随着股价的变动，未来10年贷款等资产（风险资产）的升值率如何变化，结果是即便股价顺利恢复，除去过去短期集中进行的不良债权的清偿，升值率仍停留在0~1%，问题很严峻。②

“再这样下去，迟早有一天将没有自有资本比率，金融机构不得不减少贷款。”

对于白川的说明，在片刻的沉默后，营业部的干部提出了疑问：

“不管怎么样，这种事不是还没发生么?”

的确，这只不过是预测值。但是，出席会议的一位理事回忆道：

“与其说大多数出席者都予以理解，不如说大家都震惊了。这比我们自己所想的严重得多。”

白川进一步指出，就这样听任现状不管不顾的话，会引发很多问题，如金融机构流动性不稳定、信用中介功能下降、制约宏观经济的恢复和扩大、加大来自海外的不信任感等，并在文章中记述了今后解决策略的三大方向：

方向1：促进以民间为基础的企业重组和筹措自有资本。

---

① 围绕不良债权问题，日本央行审查局1992年年初算出总额为39兆日元。明细账目为：城市银行为21兆日元、长信银为5兆日元、信托银行为5兆日元、地银为4兆日元、第二地方银行为3兆日元、信金为1兆日元。另一方面，理事福井于同年8月向寺村说明的是“40多兆日元”，银行局粗算出为“50兆日元”。当时，30兆~50兆日元是金融当局的常识。

② 在模拟实验时，准备了两种股价模型：一种是直到第五年为止都平稳推进，随后以5%的年利率上升，10年后达23 700日元；另一种是从第一年开始每年以5%的利率上升，10年后达30 200日元。即便如此，风险资产的增长率仍然很低。

方向2：提供存款保险的资金援助、公共资本的注入。

方向3：设立接管金融机构。

当时，白川自己都认为公共资金的注入在政治上是不可行的。虽然提出了有此必要性，却只采用“方向性”这种比较弱的表达，是因为考虑到了其中的难度。

即便如此，指出有必要向银行注入公共资本，以及为进行破产处理有必要设立接管金融机构，“白川报告”成为之后解决此类问题的教科书。特别地，关于合并金融机构，为了能够即刻具体化，附加资料中详细记载了目的、资本结构、功能、损失承担等内容：

→ 接管银行，作为银行法上的普通银行设立。

→ 在设立阶段，政府、地方公共团体、日本央行、民间金融机构以普通股的形式出资（有时间限制的情况下，姑且先从日本央行、民间金融机构的出资开始）。

→ 之后的追加资本，以后偿负债或者后偿贷款的形式提供（有时间限制的情况下，日本央行作为临时填补提供后偿贷款）。

→ 接受存款保险的资金援助后，从问题企业接受全部的营业转让，继续营业，实行内部检查以及真正的企业重组。之后，再慢慢向民间银行进行营业转让。①

① 摘自信用机构局的备忘录《关于现下金融体系问题的应对》。

这一想法在之后的东京共同银行身上得以实现，在兵库银行的处理上也得以活用。

听完白川的说明后，日本央行总裁三重野满意地进行了总结：

“我了解到了事态的严重性，会尽早向大藏省说明，以寻求理解。”

但是，白川的报告在银行局几乎没有受到重视。

再怎么看最多达 15 兆日元的损失，归根结底也不过是推断值。银行局的科长们反驳道：“本来前提就不一样，不是吗？”

关于揭示方向性的报告主体部分，日本央行干部回忆道：“（银行局）虽然觉得有一定的道理，但也没有做出更为积极的反应。”

被日本央行派遣到银行局的年轻职员向寺村进行了说明，但是寺村只认为和福井理事的谏言内容基本一致，没有特别的新意。

日本央行用尽心思，引以为豪的提案，没有经过认真商讨就被置之不理。不仅如此，该提案还破坏了刚刚解决日住金问题的银行局的心情，结果，大藏省和日本央行之间的沟通在几个月内降至冰点。

第三章

银行局的威信

为什么从两家信用合作社开始破产

围绕东京两家信用合作社问题正在国会审议会中协商的武村正义大藏大臣和西村吉正银行局局长。

（东京、国会，1995年2月23日）

1993 年

6 月 9 日，皇太子和小和田雅子小姐举行婚典。

12 月 6 日，原首相田中角荣去世。

1994 年

2 月下旬，前所未有的大米供应不足，全国各地排队购买。

被隐藏的 B 方案

1993 年春天，出人意料地是，东京的樱花最先开放了。这是自 1979 年以来，时隔 14 年再次出现的“奇事”。

在这样春光烂漫的 4 月，原银行局局长吉田正辉被内定为兵库银行的新社长，震惊了金融界。

对于面临经营危机的第二地方银行，从没有向其派送原银行局局长的先例，并且吉田过去曾为住友银行和和平相互银行的吸收合并做过事前准备，实现了存款保险制度的首次修正等，被视为银行救助的专家。

对于这位意料之外的大人物的出场，大众媒体大肆炒作“大藏省这是在背水一战。”

但是，说服吉田还要花很长的时间。

银行局局长寺村信行在和农水省交换了前面提到的备忘录之后，开始着手兵库银行社长的人选之事。因为大藏省前职员山田石引咎辞职，所以不得不找一位继任者。

寺村想，为了表示银行局已做好再建兵库银行的思想准备，应当找出一个“一听到他的名字，就能消除对信用交易的不安的人物”。但是，没有人会在知道现在的困境后还愿意主动投身过来。吉田在银行局众多的候选人中脱颖而出。

2 月 18 日，事务次官尾崎护给吉田打了电话。

“住专问题处理好了，终于松了口气。”

尾崎很开心地说完上面一句话后进入了正题。

“这下就只剩兵库银行的问题悬而未决了。在金融领域有很多难以解决的事，但最大的悬案就属住专公司和兵库银行了。因此想拜托给前辈，能不能接下任命状，前去就任呢?”

吉田历任银行科科长、总务审议官、银行局局长，辞官后又升职至日本央行理事之位。被空降到面临经营难题的中小银行，对他本人来说实在不是件值得开心的事情。

吉田愤怒地向寺村提出了抗议：

“从次官那里听说了，怎么能够这么轻易地出卖银行局局长呢？我没想到会从关爱的后辈口中听到这种事。”

吉田是早寺村七期的前辈。他继续说着，情绪也逐渐高涨起来。

“将前任银行局局长派去，对于现任局长来说，真是一个太过容易和轻松的方法。这样可能会降低银行局的权威。我在任银行局局长之时，曾经克制住不要派遣前任局长，而且不知道为什么会是我？”

寺村解释说，实际上，除了吉田之外，还对另外 3 位历届银行局局长进行了讨论，并恳请道：“希望您能够理解，我是为了确保金融体系的稳定，才那样考虑的，务请理解。”①

3月2日，吉田正式拒绝，但是尾崎和寺村都没有放弃，被拒绝了就再去劝说，然后又被拒绝，如此一番拉锯之后，甚至吉田很有实力的前同事也出面说服，吉田完全无处可逃。

3月16日，在尾崎坚持不懈地劝说下，吉田自嘲道：“真是接到召集令的老兵啊。”勉强答应了请求，两人的会谈记录如下：

→　尾崎：“我很了解前辈的心情，但还是要再次恳请您无论如何都要接受这次调任，关于任期，一个任期为两年。至于两年之后的待遇问题，一定会给予合适的处理，并且我保证，肯定会有人来接替您。”

→　吉田：“我知道了。我认为这次的事件很棘手，责任重大，因此，在重建该银行时，希望大藏省能够给予良好的建议并得到大藏省的全面配合和支持。当然，我既然接受了调任，就会诚心诚意、欣然地完成任务。”②

会谈中，尾崎说明了之所以恳请吉田的理由：

（1）兵库银行的重建是影响金融体系稳定的象征性问题。

（2）重建计划一旦实行，之后的两年很是关键。

① 摘自1993年2月18日《吉田、寺村会谈纪要》。

② 摘自1993年3月16日《吉田、尾崎会谈纪要》。

(3) 要想恢复兵库银行的信誉，金融界对吉田的信心是不可或缺的因素。

大藏省考虑通过前所未有地派遣大人物，一口气遏制住信誉不安的苗头。

另一方面，吉田之所以接受指派是因为出于“不可能再拒绝组织的请求了”的观念。表面上看，这是现任银行局局长和前任银行局局长抱成一团，遵循“大藏一家”的传统，保护组织，但实际上，银行局给吉田看的“重建公文”也产生了不小的影响。

据金融当局内部的记载，有一段对吉田进行了如下说明：

→ 重建计划已经出台了。针对不良债权的清偿问题，银行主体部分处理妥当，之后只剩下关联公司的800亿日元了。

为了使吉田信服，银行局准备了各种“糖衣炮弹”。

“您什么都不用做。只要坐镇，用您的名字就可以了。”

“只要待哪怕是一年，情况定会好转。”

“两年也没关系，审查部门也称没有关系。”

吉田听信了后辈们的话，认为兵库银行是有重建可能的，从而横下一条心。①

但是，那样的自信没能维持一个月。

---

① 据1993年4月28日的《朝日新闻》报道，在27日的记者招待会上，吉田宣告：“要使从现任社长那里接替的经营改善计划步入正轨，完成自主重建。”

4月26日，星期一。吉田造访了桥本石町的日本央行总部，总裁三重野康的话令他备感吃惊。

“不容易啊，吉田。”

4月，日本央行对兵库银行进行了审查，大致的结果交到了三重野手中。三重野压低嗓音，悄声说道：

“总之应该尽早将事态平息，快点使用存款保险吧。”

从总裁口中说出了“存款保险”这4个字，吉田感到难以置信，这和大藏省的评估有着180度的不同。

随后，在吉田准备回去时，一名理事悄悄地对他说：

“你真是接下了一份了不起的任务啊，总之请先和本间及高田见下面。”

在另一间房间里，信用机构局局长本间忠世以及审查局局长高田纮一正等候在那里。他们都是理事当时的部下。

“本间，我们说出来吧！”

高田这样说完，便对兵库银行的审核结果进行了口头说明。

“需注意坏账比率仅银行主体就达到了30%，实际自有资本……”

“实际自有资本？”

“包括像非关联、非银行金融机构的融资在内，已经达到负的4 500亿日元了。”

吉田哑口无言。

所谓的坏账比率是指不良债权占贷款资产的比例。在吉田任银行局局长之际，情况最糟糕的和平相互银行也只有百分之十几。现在竟然高达30%，真是骇人听闻。

日本央行审核后进一步判断，1992年3月业务纯利润的实际值为负

270 亿日元。[①] 不仅仅是资产内容，收益率状况也很惨淡。重建两个字瞬间淡出人们的视线。

吉田受到了严重的打击。但是，已经为时已晚。吉田内定就任社长，并于第二天，即 27 日召开记者招待会，予以公布。

上一年，即 1992 年 8 月到 9 月期间，大藏省也对兵库银行实施了检查。

那时认定的不良债权比率为 11.7%，自有资本比率为 8.28%。仅仅半年就发生了急剧变化，其中也有地价急剧下跌的原因，但更重要的原因是，大藏省和日本央行评估资产的方法不同。[②]

随着泡沫经济的崩溃，产生了面向非银行金融公司融资的呆账，为了掩盖这些呆账，银行经营者们进行了被称为“重新贷款”的追加融资，维持着仅限于形式的付息。这是因为，只要资金还在运转，非银行金融公司就不会倒闭，既然还在支付利息，就能归为“非分类”的正常债权之列。

对此，日本央行敦促银行随时提交显示关联非银行金融公司在哪里融资的详细数据。据审查局负责人回忆：“这一要求遭到了强烈的抵抗。

---

① 泡沫经济崩溃后，20 世纪 90 年代前半期，在金融界，为了增加名义收益，操纵收益的现象盛行，抢先取得开放型投资信托的特别分红、购买利率递减债券等，手段各异。实际值是指排除那样的决算操纵后的实际数额。

② 据日本不动产研究所称，六大城市商业用地的价格指数在 1990 年 9 月达到顶峰，与之相比，1992 年 3 月下跌 16.3%，1992 年 9 月下跌 26.7%，1993 年 3 月下跌 35.0%。据银行局的负责人回忆：“下跌速度很快，事态难以控制。从评估基准来看，只不过下跌了 10%，但感觉上似乎下跌了 20%～30%。这样一来，即便想要处置作为担保的不动产，也卖不出去。虽说评估基准价不值一提，但若要以实际价格卖出的话，就会被上司盘问，是不是无视了评估价。”

银行迟迟不提交详细数据。”①

另一方面，大藏省检查人员因为检查权限受法律限定，反而延误了对非银行金融公司实际情况的把握。对银行主体的融资对象，依据法律本来可以进行彻底调查，但是相关人员透露，大藏省对于非银行金融公司的融资对象是没有管理权限的，因此要对其进行重新调查就有些犹豫不决，而且也没有这样的惯例。

兵库银行的资产核定分级属于非银行金融机构的核定事件。首先清查了20家关联非银行金融公司的融资对象，然后追根溯源对兵库银行的主体进行资产核定，结果，日本央行审核的不良债权比率飞涨。

吉田于5月末作为顾问进入兵库银行，6月29日担任社长一职，随后便和银行局局长寺村进行了通话。

“喂，审查出错了，和先前说的完全不一样啊。”②

“有这种事？”

寺村对此感到不可思议，吉田要求：“派检察官来。”

8月19日，无奈之下，以上次审查的后续追踪为由，5位检察官来到了神户。日本央行审查局加入其中，一起进行再次调查。

① 日本央行在泡沫经济崩溃后随即调查了非银行金融公司的融资状况。在1991年2月的董事会上，对借贷方的一览表进行了汇报，日式餐厅的经营者尾上缝、EIE国际、末野兴产等都榜上有名，而这些公司后来都有一定的问题。

② 在就任兵库银行的去向被定下来之后，吉田常常在酒席上，用被降职的菅原道真自比，笑称是“大宰权帅”。此外，在6月14日大藏省主办的饯行会上，他寒暄时称自己可能会成为“凑川（现在的神户）之战兵败自杀的楠木正成”。这是因为他对于兵库银行的重建深感疑惑。

他们放弃了暑假的休息时间，耗时6天进行了集中调查，于9月8日得出结果：

→ 分类债权额：7 670亿日元（前一次的审查中为3 604亿日元）。

→ 分类债权率：25.9%（前一次审查时为11.7%）。

→ 要清偿资产：3 105亿日元（前一次审查时为404亿日元）。

这次受到打击的是寺村了，结果就像吉田害怕的那样。

对于分类债权急剧增加的理由，检查部向银行局进行了如下说明："由于经济不景气，债务人的业绩进一步恶化，又由于该银行（兵库银行）的资金运作恶化，中断了追加融资，拖欠款项增加。"

但是，检查部自此开始大幅度变更核定方针，首次采用了在第二类债权中也要清偿资产的概念。由于这次历史性的转变，迄今为止被隐藏起来的要清偿资产显露出来。①

但是，即便如此，要论严格性，检查部还是不及日本央行。此时，日本央行审查局也总结出了自己的调查结果：

① 第二类债权中"预期将来会清偿的贷款等"叫作"第二指标"，第三类债权中"第二期前能够确定清偿额的贷款等"叫作"第三指标"。上述分类方法摘自官房金融检查部制作的文书，其中包含对银行局的说明部分。

→　预测关联非银行金融公司的期间收益赤字额巨大，并且会持续很长时间，因此，最初的重建计划必将失败。

→　将关联非银行金融公司从银行主体部分单独剥离，进行最终处理的时候，要清偿资产超过了 5 000 亿日元，最终沦为大量实际超额债务。

→　实际超额债务金额估计至少有 2 000 亿日元，多的话达 3 000亿日元。①

自从吉田就任社长一职的消息传开之后，兵库银行的股价开始回升，资金运作也逐渐稳定下来。可以明确判断接下来将会进入恢复期，吉田对于这一事实感到愕然，在联合调查之后，暗中向银行局提交了一份备忘录：

→　“在对主体银行的要清偿、未收利息（拖欠债权）的把握度方面，重组方案明显过于乐观。认识上的欠缺，早晚会暴露给关联金融机构、大众媒体。”

→　“（对于关联非银行金融公司来说）母行责任主义有限度，应当予以放弃，并进行哥白尼式的转变。”

→　“在 11 月 25 日中期决算发表之前，必须拿出解决方案。”

---

① 此时，日本央行也首次基于“清算平衡”对损失金额做了推断。此前被视为损失的是 L 核定（第四类）的全额，以及 D 核定（第三类）的一部分，但是审查局引入 S 核定（第二类）中的“S 指标”概念，进行损失推算。清算平衡情况下，有着超额债务的企业属于 S 指标范畴，其代表就是关联非银行金融公司。

在吉田痛彻地陈述危机的报告中，甚至这么写道：

“如果就这么放任不管的话，就不得不向关联非银行金融公司重新贷款（以作还债资金），继续这样下去就只能放弃了。”①

这是吉田向银行局发出的首次求助信号。

“3 000亿日元的超额债务？但是，不管怎么样，靠你了。”

日本央行副总裁吉本宏听取了信用机构局局长本间的报告后，呻吟了片刻便陷入了沉默。

吉本兼任存款保险机构的理事长。

如果兵库银行进行破产处理的话，这一损失就必须用存款保险来填补。当时，存款保险的责任准备金约为7 700亿日元。如果像之前那样，以百亿日元为单位的损失暂且不论的话，这样大规模的破产如果持续下去，财源就会见底。

“如果这样做的话，存款保险就会用光。”

一位出席人员记得吉本曾经说出了这样的不安。

但是，虽说如此，也不能置之不理。议论了片刻之后，总裁三重野说了如下的话，结束了此次讨论：

“大藏省怎么做我们不知道，但不管怎样，请尝试一下。”

对于应对策略的探讨，以信用机构科为中心，只在有限的几位成员中展开。

在会议上，围绕对关联非银行金融公司的利率减免幅度的扩大展开了讨论，但是有人提出异议：“银行主体能承受多少，这还是个疑问。”

---

① 摘自1993年8月26日吉田的备忘录。

也有人想出了双方能够妥协的方案，称“当前先通过利率减免进行应对，待银行主体的经营完全进行不下去时再想根本对策。”但也有人指出，这样存在“得不到相关人员的理解”“成本负担增加”等问题。

于是，作为根本性处理对策，信用机构科提出了如下方案：

→　设立新银行，从兵库银行进行营业转让。

→　除了相关银行，日本央行也会对新银行出资。

→　发动存款保险的资金援助。

→　立即对 18 家关联非银行金融公司中的 12 家进行清算。①

这正如半年前白川报告所述的日本央行出资的接管银行一样。通过中央银行亲自出资，可以展现想要稳定金融体系的意思。此外，也能成为引导住友银行等相关金融机构出资的“药引子”。

回顾历史，在昭和金融恐慌之后，民间出资成立了昭和银行，作为破产金融机构的接管银行。模仿这一先例，日本央行给新银行命名为“平成银行”。

经过内部讨论，日本央行于 10 月上旬提出了强化对非银行金融公司实行利率减免的“A 方案”和设立平成银行的“B 方案”。

---

① 据日本央行的方案，向新银行进行营业转让后，只剩下面向关联非银行金融公司的债权还留在旧银行，使得兵库银行向非银行金融公司转变。此外，出于缓和伴随着 12 家非银行金融公司的清算而产生的清偿负担的目的，为一部分信托银行准备了清偿资金运作延缓的方案。预计有 1 000 亿日元的存款保险资金援助就可以解决了。

据大藏省方面的记录显示，日本央行是于1993年10月9日，星期六提出的平成银行构想。

小林英三接替白川就任信用机构科科长之位，他会见了中小金融科科长坂笃郎，并亲手将写有具体方案的报告交给了他。之后，坂在桥本政权时期担任首相秘书官，成为桥本龙太郎的顾问（智囊团），他和小林的交往也是很长久了，两人气脉相通。

“不会放弃利率减免的方案。”

小林对两项方案进行了说明，他更侧重于B方案。但是，对于坂来说，这并不能很简单地就吸引他的注意。

“那么，真让它破产？”

当时的坂并不认为兵库银行程度的破产处理在实务上具有可行性。他一想到万一接管银行设立失败产生的风险，就认为“这不是可实验的”。

此外，虽然没有写明发言人，但据日本央行方面记载，在之后的商议过程中，银行局干部进行了如下发言：

“市区民众对于兵库银行主体完全不担心。基于这样的情况进行根本性处理的话，反而会造成大的冲击。”

毕竟没有必要无事生非——银行局似乎是这么考虑的。

很擅长辩论的坂在反复商议的同时，试图将大家向A方案引导。

“在现实社会，地价会一直下跌吗？”

“日本央行总爱操心，虽然其心情也不是不能理解，但总是说这也不行，那也不行的话，经济就会乱得一团糟了。这些方案只要适当就可以实行了。”

的确，谁也无法确定地价的未来走势。虽说实际超额债务达3 000

亿日元，但这不过是基于清算平衡得来的推测值。

“不是说要以地价平稳推进为前提，制订利率减免方案吗？如果在那样严格的前提条件下也能够实行，就按利率减免推进。”

为了打消日本央行的疑虑，坂预先表决了提案。小林等人也倾向于这一方案，B 方案遂急速退出了人们的视线。

日本央行负责人回想道：

“我们自己也有半信半疑的地方。地价总有一天会上涨的，银行局的这一想法更加符合常识。”

这一时期，有人对于兵库银行的重组提出了建议，他就是前任银行局局长土田正显。

土田曾任银行局局长、国税厅长官、国民生活金融公库副总裁，他于 10 月 14 日亲手将 7 页 A4 纸的报告交给了银行科科长坟崎敏之。

报告题为《存款保险机构资金援助的活用新方案》，其想法如下：

→ 对于陷入债务超额状态的金融机构，允许其减少投入的资本金额，但减少的资金只能和超过的债务金额相对应。
→ 召集金融机构协助重建，实施第三方配额增资。
→ 对于应允增资的金融机构，存款保险机构进行“在出资缴纳金额范围内，并且在债务超额范围内”的资金援助。

土田进言，这一方案虽然只能填补当前的超额债务金额，但是即便不修正《存款保险法》，也能期待它对经营产生一定的支撑效果。他大声激励后辈：兵库银行危机渐渐逼近，着实令人担心，但在现行制度框架内还是有解决方案的。

不过，令人感兴趣的是，在土田的备忘录里也引入了平成银行构想。

“可以有这样的方案：设立能够自由运转的新银行，作为存款保险机构的下属机构，也就是过去昭和银行的平成版。按照计划，新银行会接受存款保险机构的资金援助，并利用其他的资金来源，获得破产金融机构的股权和资产，并进行整顿，予以资金援助，起到合纵连横的作用。”①

银行局接到吉田的求助信号，日本央行的提案及土田的进言，不得不对根本性方案进行探讨。

10月27日，星期三，寺村召开了银行局会议。

总结性文件展示了两个方向：循序渐进的解决方案（利率减免方案）和旨在一举解决的方案，对于一举解决方案，又引入了3种方式：

（1）土田提出的增减资方案。

（2）设立、合并新银行。

（3）设立新银行、事业转让。②

在上述方案中，对设想新银行的出资额为500亿日元，并准备了两种模式：

---

① 摘自土田的备忘录《存款保险机构资金援助的活用新方案》。

② 在这份机密资料中，还记载有“一般财源的导入”，但被驳回了，反对理由一是因为根据法律、基于预算的国会批准，并在公开场合就兵银问题听取意见，反而可能导致信用恐慌；二是普通国民对于金融机构的目光依然严厉，难以获得他们对于一般财源负担的理解。

(1) 仅由21家大型银行负担。

(2) 仅由第二地方银行负担。

上述两种模式在必要时刻，随时可以进行详细探讨。不过，对于日本央行的方案，写有如下问题：

> → 日本央行出资会给人们一种现在是非常时刻的认知，同时，中央银行参与救助个别金融机构是否适当，会产生激烈的议论。

重新研究了所有的可能性后，寺村和日本央行进行了商议。

11月26日，星期五，寺村再次会见了日本央行理事小岛邦夫。

"有人批判对于住专问题的处理一味延后，造成了很大的损害，但是作为银行局来讲，只是想先固定伤处，等待其恢复体力，没曾想积弊。我们认为，对于兵库银行关联公司的处理，也不得不采取同样的应对方式。"

小岛点着头说：

"对于住专问题的处理方针，我方的意见完全一致。关于兵库银行的关联非银行金融公司，我们并不打算拘泥于猝死处理（突然破产处理）。"

首先可以确认的是，处理非银行金融公司问题需要花费时间。

寺村一下子进入了主题。

"接下来是银行主体，我认为兵库银行的自主重组是不可能的，需要一些外部援助。"

这样说着，寺村介绍了银行局会议上的讨论内容，提出了议案：

"无论是日本央行的方案，还是我方的方案，问题都在于实施的时机。至少在现在这一时点，股价状况糟糕，经济前景不明，不应该采取这样的策略。人们会想，兵库银行的情况这样糟糕了，其他机构的情况是不是也同样糟糕呢？可能再次导致金融体系的不稳定。"

小岛说道："我们很理解这样的担心，但问题是兵库银行能坚持到什么时候。"

寺村回应："因此，我想大藏省、日本央行要早点准备好绝招，并有必要根据情况发动绝招。"

寺村提示的发动时机有如下 3 个：

→ 1993 年股价再次暴跌，1994 年 3 月期间决算无法进行之时。

→ 度过决算危机后，股票、土地的账外收益消失，有必要进行新的清偿之时。①

→ 短期利率反转上升，无法确保兵库银行有业务纯利润之时。

寺村再次催促："有必要尽可能火速制订大规模方案，并做好准备，

① 据银行局内部资料记载，截至 1993 年秋，兵库银行还是有账外收益的。截至 1993 年 10 月 22 日，其股票账外收益为 355 亿日元，债券账外收益为 90 亿日元。再者，不动产方面，总行账外收益有 245 亿日元，事务中心账外收益有 55 亿日元，其他还有 130 亿日元的账外收益。银行局干部称："有账外收益，官厅就不可能使现在还在运转的银行破产。"

随时启动。”

小岛回答说：“同感。”在此时，方案 B 被塞进了保险柜。

寺村进一步说道：“现在不可能立即启动大规模方案，但有必要为关联非银行金融公司止血。”他同时请求日本央行协助强化利率减免方案。

对于干预民间利率减免交涉，小岛面露难色，但寺村坚持说：

“预算编制可能要拖到来年，12 月国会将进行政治改革。在这期间进行减免吧，我想在年后的预算委员会召开前予以了结。”①

银行局“完胜”。

一方面，通过利率减免，关联非银行金融公司得以止血，防止了损失的扩大；另一方面，银行局能够和日本央行一起准备非银行金融公司问题的对策，在紧急情况下发动“绝招”。寺村松了口气：这样一来，就能消除伴随兵库银行处理而来的金融危机的萌芽了。

而日本央行则有了深深的无力感和徒劳感，这是其继住专问题处理和白川报告之后，第三次在银行局那里碰了壁。

第一代信用机构局局长本间，后来在从日本央行退休之际，对一位部下这么说：

“确实向大藏省提案了。但是，在遭到拒绝之后，也应该继续坚持与三重野谈，进行再次交涉。我没有这样做，责任在我。”

为进一步降低对兵库银行系非银行金融公司的融资利率而展开的交

① 摘自《寺村、小岛会谈纪要》。就如寺村预想的那样，由非自民七党统一会派成立的细川联立政权，为了制定政治改革法案，果断决定跨年编撰 1994 年度的预算。

涉于1993年年末开始。①

在这之前，银行局将相关金融机构的负责人逐个叫进大藏省2楼的会议室，请求他们的合作。出席者清晰地记得，当时负责的审议官坐在中间位置，而本间就坐在他旁边，脸上表情复杂。

向新局长下达的密令

即便产生深深的徒劳感，也必须掸掉落在金融体系上的火星。

这个时候，紧跟在兵银问题后面，东京的小型信用合作社经营危机渐渐浮出水面。

东京协和信用合作社和安全信用合作社，截至1993年秋，还没有一个人认为这两家信用合作社后来会从根本上动摇政府的威信。

1993年7月，日本长期信用银行停止对东京旅游开发公司、EIE集团进行支援，金融当局对东京协和以及安全信用合作社摆出了警戒阵势。

高桥治则被称为太平洋的“旅游王”，他领导的EIE集团在泡沫经济时期不动产投资过剩，结果事与愿违，不得不接受身为主要银行的日本长期信用银行的支援。但是，1993年6月30日，日本长期信用银行以之后难以继续支援为由，向高桥提出和议申请。7月9日，高桥拒绝了这一请求，日本长期信用银行遂立即撤回派遣至EIE集团的人员，中

① 关联非银行金融公司的资产规模整体上相当于一家住专公司，借款对象多达123家金融机构。吉田奔走于这些金融机构，到春天时，终于在利率减免方面达成了一致意见。同时，为了鼓舞银行内部的士气，提高经营能力，吉田实施了一连串的方案。吉田自己开诚布公地回忆道：“想要通过利率减免使其重整。”

断了金融支援。

高桥治则担任东京协和信用合作社的理事长，东京协和信用合作社和安全信用合作社均为EIE集团实际的“机构银行”。日本长期信用银行支援的中断，经由EIE集团的经营危机，成为动摇这两家信用合作社支柱的开端。

大藏省和日本央行为了防止这两家信用合作社的资金短缺，在支援中断的前一天，向日本长期信用银行请求紧急支援。日本长期信用银行对于和他有着出资关系的东京协和信用合作社进行了100亿日元的存款支援，勉强避免了“猝死”。

接着，日本央行向直属监督官厅——东京都讲述了早期审查和制订流动性支援方案、提前辞退两家信用合作社理事长的必要性。

8月初东京都开始了审查，11月下旬，围绕兵库银行展开的争论还在持续，日本央行收到了这次审查的结果，呈现的数值令负责人愕然：

分类债权比率：东京协和信用合作社为67.2%；安全信用合作社为88.8%。

实际自有资本：东京协和信用合作社为140亿日元；安全信用合作社为277亿日元。

无论哪家都达到了不可能自主重组的程度，并且为了确保资金运作，这两家信用合作社工作重心转变，开始急速吸引大额存款。如果放任事态不管的话，破产时的损失将会更大。

日本央行向大藏省进言，这两家信用合作社的理事长必须尽早下台、要果断处理。同时，以信用机构局为中心，着手探讨处理方案。

令人感到讽刺的是，这正好发生在处理兵库银行问题的B方案被递交至大藏省之时。

不久，信用机构科科长小林英三和调查员和田哲郎研究出了与兵库银行 B 方案所不同的另一种接管银行方式。

日本央行出资设立接管银行的想法，不仅仅是为了出问题的两家信用合作社，更是为了整顿、合并预想中今后可能会破产的多家信用合作社。

前一年夏天，日本央行参与了对全国信用合作社联合会的实地考察，发现其下的信用合作社存在大量问题。397 家信用合作社当中，61 家处于实际债务超额状态，债务超额合计达 2 068 亿日元。[①]

当信用合作社破产时，再设立接管银行是没有效率的——考虑到这一点的信用机构科对局长本间忠世进行了如下说明：

“要想同时对兵库银行和两家信用合作社进行处理，有必要制订两个不同的方案：一个方案是建立兵库银行的单一接管银行；另一个方案是为了处理信用合作社问题建立全国合并的接管银行。”

根据信用机构科的方案，日本央行将对面向信用合作社的接管银行出资。但是，顺序上无论如何都应是先对面向兵库银行的接管银行出资。

这时，小林对银行局中小金融科科长坂笃郎倾诉道：

“突然为了信用合作社大张旗鼓地设立接管银行，日本央行出资这

① 基于 1992 年 7 月全国信用合作社联合会的审查结果，日本央行针对信用合作社问题，策划了应对方针：“设法将这些信用合作社转换成信用金库或普通银行，或者和地区内主要的信用合作社进行合并。当这些方案都不可行时，就要探索进行实际解散处理。”“在这一过程中，存款保险的资金援助和作为监督官厅的都道府县的公开资金投入是不可欠缺的。”同时，日本央行请求银行局尽早展开讨论。但是，据日本央行方面的文书记载，银行局虽然意识到了问题，但以如下理由推后决策：（1）信用合作社问题本来就是都道府县的问题，在要求扩大地方分权的呼声很高的时候，中央政府机关过度干预反而会引发问题；（2）因应对兵库银行和住专问题已经没有余力。

种处理方式不会太受赞赏，如果要实施的话也是针对兵库银行。如果是兵库银行的话，日本央行出资的讨论也容易通过。”

结果，因为B方案被放进保险柜，兵库银行先行论告败。但是，一年后，两家信用合作社的处理出现了混乱局面，提出“最先应该是兵库银行”的小林也因此被证明独具慧眼。

新一年，即1994年2月。

在细川首相的“国民福祉税”构想遭受世人批判的时候，两家信用合作社（东京协和信用合作社和安全信用合作社）的处理方案被提上日本央行董事会，进行意见征询。

关于大藏省提议的设立接管银行一事，基本上算是获得了理解。但是，好几位干部都记得，在议论正酣时，日本央行副总裁吉本宏坚持自己的见解，态度愤慨。

“东京协和信用合作社暂且不论，安全信用合作社方面，难道不应该实施存款限额保护吗？提案的内容太过分了！”

据日本央行干部称，兼任存款保险机构理事长的吉本是存款限额保护实施论的代表人物。吉本此时指出的问题的确有道理。

安全信用合作社的信贷资产已经成为“空壳”，在存款中，大额定期存款比例居高，更加引人关注的是，存款户头和其理事长个人牵扯甚重。信用机构局的负责人回想道：“我们曾经也认为，如果要实施存款限额保护的话，应该最先用在这里。”①

---

① 这两家信用合作社破产后，据金融当局调查，安全信用合作社有超过260亿日元的存款和高桥、铃木两位理事长有关联，相当于总存款的23%。这些存款全都是以理事长本人或者家人、亲属的名义介绍来的。

过去，日本央行也曾多次讨论过存款限额保护的可能性，针对1 000万日元以下存款的强制保护措施进行了精细的模拟实验。虽然名义户头的整理存在难度，而且还有人手不够等实务上的诸多难点，但是从规避道德风险的角度来看，这两种处理方式都是不得不采取的。

吉本副总裁的提案并没有招致反驳，信用机构局添加了一句“存款限额保护也是一种选择”，将之与建立接管银行的方案一起提交给了银行局。

“如果兵库银行的接管银行不行的话，希望至少信用合作社的接管银行能够成立。”

负责人记得当时抱着这样的念头，前往霞关。

信用机构局为了赢得日本央行的出资，四处奔走。

在当时拟定的文件中，为了处理两家信用合作社的问题，详细记载了比起向新银行进行无担保融资（特融），日本央行出资更具优势。

→ 与特融相比，出资对于金融机构局的信任和认可度的恢复来说，效果更为显著。

→ 对于金融体系整体的稳定来说，资本注入给当局的体系再生提供了积极的信号。

→ 针对银行救济的批判，比起出资，特融更加难以说明。①

① 摘自日本央行报告《关于“出资”的想法》。特融的情形比出资更加难以说明，这是因为特融蕴含收益支援效果，与出资相比，救济色彩更浓。

但是，据日本央行方面留存的记录显示，银行局虽然认可处理的必要性，却以正值国会期间为由，对于设立接管银行面露难色。特别是从国会政策出发，日本央行出资是不恰当的。

因此，信用机构局成立了以促使全国信用合作社联合会向新银行出资为目标的特别目的公司（SPC），设想日本央行也能够以“间接”的方式进行出资。

绞尽脑汁后，日本央行出资的问题暂时得到解决。但是，之后存款限额保护又成了阻碍。

当初，日本央行认为，银行局对于建立接管银行的提议都面露难色，更不可能选择存款限额保护，因此没把它当一回事。所以在说明时，有意识地推荐接管银行这一方式，对于存款限额保护只是补充了一句：“吉本副总裁鬼迷心窍了。”

但是，不知怎么回事，银行局干部对存款限额保护很是关心，并且说：

“请让我们内部仔细探讨一下。”

日本央行干部说，银行局方面用实际行动做出了回答，没有等到6月定期国会结束，就进行了人事调动。

但是，实际上，银行局对于应该如何处理两家信用合作社的问题，感到十分苦恼。

4月，中小金融科和调查科、总务科一起编撰了一份机密资料，说明了关于存款限额保护应当关注如下几个基本点：

→　虽然称存款限额保护不现实的论调占据了主流，但是大型银行和中小金融机构并不符合这样的情况。

→ 只有为了避免国家的整体信用秩序混乱，启动日本央行资金进行救助，才能获得国民的理解。

→ 特别地，在过分明确要保持“不倒神话”的情况下，以经营者资质低下的金融机构为中心，规避道德风险的行动可能不起效果。

→ 因此，判断每一个案例对信用秩序的影响，进而判定存款限额保护的优劣，这一前提不可废。①

不要总是想着对问题金融机构进行救助，有时也要对存款限额保护的可行性进行暗示，以维持经营纪律，这一想法在银行监督者之间已经成为国际常识。②

银行局也认同这一想法，并在此基础上考虑，对存款人数少、没有开展国际业务的中小金融机构进行强烈暗示：实施存款限额保护是可行的。

但是，立刻将存款限额保护运用到这两家信用合作社的话，银行局又有些迟疑。在文件的结论部分这样写道：

① 摘自1994年4月12日日本央行纪要《关于破产金融机构的处理》。

② 1992年10月，在世界银行监督者会议上，法国银行监督委员会提出了报告《作为规避系统风险手段的金融机构监督应有的现状》，其中写道，中央银行对于是否救助问题金融机构处于“建设性模糊”（constructive ambiguity）的状态，这对于使金融机构的股东负相应的责任，防止道德风险来说，是不可欠缺的。据说，“建设性模糊”的概念，最初是由纽约联邦银行的前总裁提出并使用的。

→ 关于本案，从其规模等方面来考虑，不能断定存款限额保护和信誉不稳定直接相关，从而导致内外信用秩序的混乱。但是，从另一方面来讲，在国民没有完全消除对金融体系担忧的现状下，也不能否定会发生难以预料的事件的可能性。因此，关于本案，不得不进行商讨，在设想实施存款限额保护的同时，实行日本央行资金救助。

此时，中小金融科科长坂笃郎秘密造访了离霞关很近的安全信用合作社总社。

坂一边乘坐出租车在总社周边巡回，一边想象如果实施存款限额保护的话，将会发生什么。

存款退还需要时间，最终也只能向存款者交付20万日元的暂付金。这样一来，住在周边的小规模商店业主就会因每天没有结算资金而提出抗议。可以预见总社门前将会排成长队，媒体骚动不止，全国爆发出同情和愤怒的声音。

恰巧在那个时候，细川内阁倒台，羽田内阁取而代之。国内经济也由于日元的急剧升值，不透明感逐渐扩大。无论是政治还是经济环境，都不允许存款限额保护的“实验”。

结果，中小金融科和银行科一起撰写了存款限额保护难以实施的文件。

→ 如果大宗存款多的东京协和、安全信用合作社都实行存款限额保护的话，大宗存款多的木津和宇宙等信用合作社也极有可能产生连锁效应：退款请求蜂拥而至——→不能支付——→存款限额保护。在这种情况下，难以解释东京协和、安全、木津和宇宙信用合作社有什么不同。

→ 发生上述情况时，有可能会波及被普遍当成同类型的信用金库，以及被世人称为问题银行的第二地方银行的一部分。①

鉴于此，银行局倾向于替代方案——设立救济金融机构。具体而言：

（1）日本长期信用银行设立子银行，接受这两家信用合作社的事业转让。

（2）设立相应的银行，不仅为了对这两家信用合作社的问题进行处理，还为了承接破产金融机构，对其进行整顿。

银行局对替代方案进行探讨，以寻求解决途径。②

1994年6月，寺村打算结束两年的任期。

日经平均股价在1992年夏暴跌的基础上，再次恢复到2万~3万日

---

① 摘自银行科、中小金融科的纪要。在纪要中出现的金融机构均用字母进行了标示。东京协和信用合作社是“Tk”，安全信用合作社是“Az”，木津信用合作社是“Kz”，宇宙信用合作社是“C”。顺便提一下，兵库银行被称为“Hy”。

② 让日本长期信用银行设立子银行的方案，在构想阶段就迅速销声匿迹了。日本长期信用银行强烈主张，东京协和信用合作社暂且不论，对于没什么特别关系的安全信用合作社，从来没有过予以支援的想法。此外，银行局也认为，连安全信用合作社也要让日本长期信用银行负责这一点，从公正性的角度来说也是有问题的。

元，危机二字逐步从市场上消失。住专和兵库银行等问题虽然采取了一定措施，但很多未处理的案件就那么直接转到后任手中，这使寺村心情沉重。

更使他挂心的是，这年春天暂时达成一致意见的“东北三行”的大范围整合政策最终流产。

1994 年 4 月，岩手的北日本银行、宫城的德阳城市银行、山形的殖产银行进行对等合并达成了一致意见，跨多县的大范围整合被认为是促使地方金融机构重组，使得经营困难的德阳城市银行得以再生的好主意。

但是，整合方案公布之后，遭到了北日本银行工会和往来企业的反对，一时间又是阴云密布。①

银行局审议官花野昭男对这三行进行了游说，并向日本央行请求支援。中小金融科科长坂周末也没有休息，多次前往仙台，但是裂缝一旦出现，就不容易修复。

对工会的顶撞感到十分头疼的北日本银行杉谷利昭行长秘密进京，向中小金融科提出了如下请求：

“200 亿日元就够了，能不能为我们提供存款保险金？我们会竭力解决的。”

在岩手的盛冈，反对合并的论调越来越强烈，这源于对不得不背负德阳城市银行的不良债权的不满和担心。为了说服当地的相关人员，杉

① 据大藏省内部资料记载，北日本银行和殖产银行最初想要和仙台银行进行三行合并，但遭到拒绝，和银行局商量时，某个干部提出：“德阳城市银行怎么样?”据说，1994 年 4 月，暂且达成一致意见的合并行名为“平成银行”，但是除此之外，还有“瑞穗银行”的方案。

谷向存款保险机构寻求了资金援助。

但是，启用存款保险就意味着对德阳城市银行进行“破产处理”。银行局以“一直以来都是以合并为前提的，不可能从根本上做出改变”为由拒绝了，但6月18日，北日本银行仍然决定取消合并。①

空想的三行合并给将要离开的寺村留下了不愉快的回忆，并最终消亡。

寺村谨慎的行政手段被评价为即使敲着石头也过不去石桥，围绕这一行政手段，之后在其部下之间也流传出“完全不想承担风险”的批评声。但是，寺村反驳道，回顾这两年，银行行政也没有出过差错。

“如果再次回到1992年，我想我还是会做同样的事情。再怎么考虑，也不认为采取的措施有错误。此外，我也不觉得这样的问题意识有什么错误。”

7月1日，寺村晋升国税厅长官，离开了银行局。而一年半之后，他就由于住专处理问题而遭受了大众媒体的批判。

两期的后辈西村吉正从寺村手中接过了接力棒。

西村在寺村之前的一任银行局局长土田正显手下担任过3年审议官。从1992年夏寺村成为局长之日起，他也成为大藏省的研究机关——财政金融研究所的所长，研究泡沫经济崩溃后的金融体系。

时隔两年，西村回归银行局，寺村并没有和他进行详细的交接。通

---

① 这一骚动给当时的银行局审议官长野庞士留下了深刻的印象和教训。从那开始3年后，大藏省策划将陷入危机的三洋证券和国际证券进行合并，但成为证券局局长的长野很早开始就对能否实现合并感到担心，做好了破产处理的准备。因为他从“东北三行”那里，认识到了合并的难度。

常，局长之间的交接止于对当前所面临问题的介绍，这是公认的礼仪，绝对不能向后任传达带指示意味的话。

但是，寺村却说："详细情况，希望你能够向审议官询问。"此外，他还说了如下的话：

"实际上，平成银行的构想已经成熟，目前的事态迫使我们不得不做那样的考虑，但至今还在和日本央行进行交涉。"

寺村一边顾虑着不要对新任局长今后的判断形成束缚，一边接着说道：

"关于将这一构想运用于何处，有各种各样的想法。要想从正面解决的话，可以从兵库银行着手，也有观点认为，可以从非常小的金融机构开始尝试。"

这是寺村传递的一个信号。寺村自己在之后也表明："为了让西村先生尽早进行破产处理，我进行了进言。"

随后，西村听了各科室的演讲，从中得知，除了兵库银行和东京协和信用合作社、安全信用合作社外，大阪的木津信用合作社、东京的宇宙信用合作社、北海道的共同信用合作社等，正面临着经营困难的金融机构还有很多。

虽说前任对他说："已经准备好了处方。"但是他并不知道是否真的可以付诸实践。该从哪里着手好呢？

实际上，事务人员当初悄悄劝告西村，从札幌的共同信用合作社入手，理由如下：

共同信用合作社实际上属于北海道拓殖银行系统，存款金额只有900亿日元。即便对其进行破产处理，影响也有限，最适合用来"试水"了。

通过事务交接演讲，西村接收到一个信息，即“要想开始操作的话，就是共同信用合作社了。”别的银行局干部也认为：“并非东京的两家信用合作社，而是共同信用合作社有可能成为第一个被处理的对象。”

但是，结果共同信用合作社并没有成为不光彩的第一个被处理对象。① 如果共同信用合作社在伪造票据的还款诉讼中败诉，就会破产，但它（一审）胜诉了，因此，西村有很大的可能会着眼于其他金融机构。

第一步是从大阪，还是从东京开始呢？

西村在脑海中开始浮现出一个模糊的方案，那时霞关遭遇空前的酷暑，接连几天都超过33℃。

留下了两名审议官②，组织内部的成员也没有大的变化，但仅仅是因为更换了一名首脑，银行局的风格一下子转变了。

银行局的中坚干部和日本央行干部异口同声地表示：“这取决于局长的性格。”寺村对于任何事都想得很缜密周到，与之相对，西村不适合那种柔和的处事方式，有着大胆的一面。比起躲在堑壕中等待事态好转，他更喜欢“自告奋勇”地打破局面，甚至曾经自己劝说自己不能莽撞行事。

在就任银行局局长不久，西村就召集了审议官和科长，宣称要果断

① 1999年4月，共同信用合作社和千岁信用合作社同时放弃了自主重组，将事业转让给了札幌的专和信用合作社。

② 日本政府部门的职务设置，参与部门决策的提议和监督。

地着手处理不良债权。并且在必要的时候，会毫不犹豫地实行破产处理。

西村自己在听到传闻说他将要回归银行局时，就坚信恢复金融体系是他的使命。之所以这么说，是因为国内经济摆脱了长期低迷的状态，对于初秋时分经济恢复的期待逐渐高涨。如果经济好转的话，至此为止没能开始的课题也可以着手进行了。

加之，从事务人员处得知，许多中小金融机构濒临危机。西村想，时间流转，解决那些问题的任务到了自己手上。

经济界和大众传媒的期待也在高涨。

在拜访所到之处，西村激励道："对于将要成为问题的地方，此时下定决心处理掉为好。""因为已经处于可执行的程度，希望一定要进行相应操作。"

事实上，在7月5日，即西村就任的第五天，银行局公布了住友银行体系非银行金融公司、日本抵押的特别清算结果，刚一发表各家报纸马上表示支持金融当局的决断。① 尽管处理方针在寺村体制下已经成形，大众传媒却把它当作了西村路线转换的第一步。西村感受到了"催促"的意味。

进一步向西村施加强大压力的是自民党政务调查会会长加藤纮一。

西村就任银行局局长的前一天，即6月30日，羽田内阁集体辞职，取而代之的是自民党、社会党、新党三党联立形成的村山富市内阁。

时隔11个月，自民党重新获得政权，加藤就任自民党政务调查会

① 例如，7月8日《读卖新闻》刊登了题为《进入新阶段的不良债权处理问题》的社评，称赞特别清算一事。

会长，位居政策负责部门的中枢。

西村和加藤是大学研讨会的同级生。总的来说，西村不擅长和政治家交际，但是他能和加藤相对无拘束地交流。

7月，顺带进行就任后的拜访，西村造访了自民党本部6楼的政务调查会会长室。

加藤听了西村对当前的政策分析后，干脆地说：

"必须着手对不良债权进行处理，还有住专问题。我认为有必要以这些问题为中心，进行全力处理。"①

西村想着这正合我意。同时，他清晰地记得，感到在加藤背后，有着宫泽喜一的"影子"。

1992年8月，宫泽提出处理不良债权及导入公共资金的必要性，却在中途放弃了，加藤是当时的官房长官。西村对此有所感悟：加藤被调任政务调查会之时，宫泽大概曾建议加藤要有问题意识。②

但是，不管经过如何，怎么也没想到，执政党的政策责任人会直接下达指示，推进不良债权的处理。

西村确信：

如果政治方面那样考虑，按照那个方向推进也是没有问题的吧。

---

① 加藤从学生时代开始就一直对西村用敬语讲话。加藤说："西村在我们同期学生当中，是一位非常优秀的人才，广受好评。"

② 宫泽说道："加藤先生应该重新思考1992年夏天的事情，我也会在一定程度上提醒他注意。"

执政党下达的密令和大众传媒的论调一起，鼓舞了西村，进一步挑起了他进行破产处理的愿望。

涌向两家信用合作社问题处理的激流

1994年夏，酷暑创下纪录，各地陆续刷新观测开始以来的最高气温。

8月8日，大阪气温达史上最高的39.1℃。第二天，即8月9日，银行局局长西村吉正做出了决断。

这一天，西村悄悄地将两位审议官和总务科科长叫到了局长室。

“经过再三考虑，决定了今年秋天进行不良债权处理的顺序。”

对于局长的发言，全体成员屏气凝神。

“第一是木津信用合作社，以之为突破口着手处理信用合作社问题。”

对于西村决然的口吻，出席人员都沉默不语，等待着下一步指示。

“总之，必须先进行调查。也可能什么事情都没有，但在我看来，有可能存在非常重大的问题。”

西村曾担任过大阪海关长，在大阪有着自己的信息渠道。西村没有说明“非常重大的问题”具体指什么，而是继续道：

“希望不要波及其他，我们要完全掌握木津信用合作社的实际状况，希望大家不要因波及其他而耽误了掌握木津信用合作社的实际状况。

总务科科长坟崎敏之不停地记录着西村的指示。

“我认为接下来有必要借助司法的帮助。到那时，比起警察，检察人员更适合成为搭档。”

西村洞悉，在弄清木津信用合作社的实际状况以及处理的过程中，检察人员的协助是很有必要的。

“木津信用合作社之后，排在第二位的是日本信托银行。让我们一起处理这一问题吧。”

日本信托银行也由于泡沫经济的崩溃一筹莫展，有传言称三菱银行对其进行了救助。至此，西村最后总结道：

“住专公司也存在问题，这个可以先放一放。利率不上升的话，当事人就不会有所行动。强制实行的话是不可能的。”

西村将木津信用合作社排在第一是有理由的。

从大阪信息渠道可知，关于木津信用合作社，有很多“不好的传闻”，加之由木津信用合作社担保的、相当于5亿美元的伪造证券在美国洛杉矶上市，这一信息被某家外国通讯社秘密获取。

西村听到这一消息后，立即想到了经营破产的东洋信用金库的虚假存款证书事件。

考虑到同处于大阪，如果伪造证券事件被报道出来，首先肯定是木津信用合作社存款流出，被迫陷入经营破产的境地。

西村心中挂念着从寺村那里承接的平成银行构想，同时对审议官长野庞士和新任的中小金融科科长田村义雄下达应对指示。两人和日本央行的信用机构科取得联系，准备资金供给，以备万一。

8月27日，星期六，各家报纸一起报道了伪造证券的丑闻。

银行局摆好架势。

据银行局干部对当时的回忆，在出现破产危机时会向大家说明，新一周开始，即29日已经准备好了平成银行这一接管银行来处理木津信用合作社问题。①

很多官方人员都关注着报纸报道后存款的动向，但不知为何，星期六也好，新一周开始的29日也好，并没有大量存款从木津信用合作社转出。事情的发展出乎意料，对此，西村不禁感到沮丧，另一方面，又有对成功避免混乱的奇特的安心感。

自那以后，又经过了半年多时间，木津信用合作社作为金融系统中的悬案，才重新浮出水面。

处理计划的第一步“告吹”，银行局怀着复杂的心情着手第二个主题——日本信托银行问题。

日本信托银行由于泡沫经济时期过多的不动产关联融资，经营发生了倾斜，现在仰仗着与之关系紧密的三菱银行的支援。三菱银行当初也曾着眼于吸收合并，但是，重新调查过日本信托银行的资产后，判明它的实际债务超额。面对即将到来的9月中期结算，对于应该实行怎样的处理政策，不得不尽快做出决断。

按照三菱银行的意图，银行科最初准备的方案是“活用存款保险进行破产处理”。日本信托银行一旦进行破产处理，就用存款保险填补损失，在此基础上三菱银行予以吸收合并。

“也就是说，这套方案将三菱银行定位在救世主的位置上了？”

---

① 对此，日本央行干部称“没有即将破产的感觉”。事实上，在这一阶段，也没有进行特融准备。据一名负责人回忆：“在存款保险不能弥补损失的情况下，以三和银行为中心，让关西的金融机构捐献即可，那时只做了这种程度的考虑。”

出席者记得，面对前来说明的银行科的每个人，西村很露骨地展现出不满的情绪。

“并不是这样的。与其说三菱银行是救世主，不如说处在‘有责任的立场’。考虑到迄今为止事情的经过，三菱银行方面应该说‘我会负责任进行处理的’。”

西村在听完冗长的说明之后，又果断地说：

“这不应该由我们拜托他们救助日本信托银行，而应该对方带着处理方案前来商谈。”

西村在担任审议官的时候，在制订大阪府民信用合作社的重建方案时，也曾推翻最初的方案，追究富士银行的责任。他主张，富士银行并不是银行科认为的那样，是“被害者”，而是“有责任的当事人”，应该承担重建责任。①

金融系统中大型银行有着和它的地位及名声相应的责任，并且有承担责任的能力——西村的这一想法，一直贯彻到后来的住专问题处理中。

9月8日，星期四，下午3点。

估计周围没有记者了，西村悄悄地离开了大藏省。他坐上公车，赶往虎门的大藏酒店。

在7楼的一间房间里，三菱银行行长若井恒雄正等着他的到来。

---

① 大阪府民信用合作社因为和伊藤万事件有瓜葛，融资混乱，面临着经营危机，1991年，基于大阪府和富士银行等的支援，大阪府民信用合作社制订了重建计划。但是，1993年6月，釜石信用金库破产后，其放弃了自主重建，在剥离不良债权的基础上，被大阪弘容信用合作社救济合并。

西村对若井致以敬意，同时指出在业务上不断积累下来的经验，以及之后可能会产生的问题，促使他重新考虑。

“我们知道，如果没有存款保险的援助，就无法进行处理，但如果不是在必要的情况下启用存款保险的话，反而会使问题变得复杂。外人会多嘴多舌，导致混乱。考虑到三菱银行的实力，我认为这还不是应该启用存款保险的时候。”

西村之所以要求若井凭自己的力量进行处理，是基于“经营实力论”。但是，其中还蕴藏着另一条难以说出口的信息。

实际上，这时三菱银行正面临和东京银行的合并，暗中进行着谈判。

西村听说这一消息后，推测这次日本信托银行的处理会对将来的合并产生相当程度的影响。接纳日本信托银行的话，三菱银行就能参与信托业务。如果动用存款保险准备金的话，则担心会引起对手的羡慕，认为“三菱银行得益”，合并可能就会无法顺利实现。

另一方面，担任行长达5年的若井，也做过同样的考虑。而不久之后将进行行长交接，在现在的体制下，如果不能实现合并，交涉将会再次延迟。无论怎么做，若井都想着尽快促成合并，对他来说，也希望能够实现和银行局局长之间的“合作路线”。

“我觉得还是先不要让外界知道为好。”

对于西村叮嘱的话语，若井默认了。

以这次高层会谈为契机，银行局和三菱银行展开了紧急交涉。有记录显示，9月21日，所有事情安排完毕，双方进行了简单的庆祝。

10月12日，三菱银行宣布，接受日本信托银行大约2 000亿日元的第三方增资配额，使之成为子公司。在记者招待会上，若井极力主张

“这是为了维持金融秩序做出的苦涩的决断”。[①] 有银行局作为后盾，三菱银行大约在5个月后，宣布和东京银行合并。

最近，报纸上的一条消息撬开了一直紧闭的破产处理的大门。

9月17日，执政党内部围绕消费税率的上调问题进行了激烈的讨论。《日本经济新闻》在头版刊登了题为《东京都对都内两家信用合作社进行经营改善指导》的消息。

东京都判断，总社位于都内的东京协和信用合作社和安全信用合作社向由于不动产投资失败、陷入经营困境的EIE集团关联企业提供超标贷款，于是东京都开始对这两家信用合作社进行经营内容早期改进的指导。据东京都称，EIE集团和与之往来密切的公司的融资额的一半来自这两家信用合作社，有将近1 000亿日元，这两家信用合作社有违反大额贷款相关规定的嫌疑。东京都发现一部分融资的收回延后，近期将进行特别检查。[②]

西村反复看了消息，陷入深思。

如果有必要的话，要毫不迟疑地进行破产处理。自他向部下这样明说之后，已经过了近3个月。想要尽早处理，却怎么也找不到契机。西村亲自指示的木津信用合作社的处理计划，由于重要的存款没有流出，也以告吹告终。

---

① 日本信托银行的不良债权后来给三菱银行造成了很大的负担。西村说：“三菱银行因此承担了出乎我们意料的责任，三菱银行的应对很完美。”

② 笔者认为，在20世纪90年代的众多金融报道中，这一消息是最具价值的独家新闻之一。当时笔者是大藏省的主要负责记者，早晨读了这篇报道后，有一种非常不好的预感。

其间，大众传媒不可避免地报道了新的危机火种。

西村向中小金融科下达了指示：

“关于两家信用合作社的处理问题，请催一下东京都看看。”

就像西村理解的那样，报纸报道之后，这两家信用合作社的存款开始慢慢流出。不是那种突然迎接死亡般的急剧流出，也不是能够让当事人无视的小额流出，而是持续“适度地流出”。

西村确信，尝试平成银行构想的时机到了。

事务人员抢在向破产处理行进的新局长之前，等候着他。

据日本央行相关人员称，8月中旬，银行局和日本央行的信用机构局进行了第二次联合审查，并得出了一致结果，认为这两家信用合作社的早期处理是不可避免的，并开始准备。

银行局审议官长野庞士和本间的后任——信用机构局局长增渕稔是此次行动的中坚力量。两人是大学时期的同期生，并且熟知金融界，一致认为不应该放弃这次机会，应该对问题金融机构进行处理。

西村自己回忆道：“可能是因为什么也没有准备，便想再探讨探讨，以‘长野—增渕稔’的形式进行了事先准备。”①

不过，对于事务人员提交的平成银行的构想，西村提出了几点要求。

一个是去除平成银行的救济色彩。平成银行最初设定的形象是“承继”面临破产危机的金融机构。根据计划，不是在进行了明确的破产认

① 在1995年4月11日的众议院预算委员会上，增渕进行了答辩，称1994年8月19日从银行局那里拿到了联合检查结果，9月9日就待审的原处理方案向负责理事进行了说明。

定的基础上进行处理，而是在还存活着的情况下予以接收。

对此，西村命令道："那是不行的。平成银行必须是 disposer（垃圾处理器）。"

"这一银行是对破产进行事后处理的。它的设立不是为了发挥金融机能，反而是要'终结'金融机能。"

西村认为，将日本央行出资的公共资金吸收进来，形成"救济型计划"无法获得国民的理解。

这一想法后来发展成平成银行的日落论。在最初的事务局方案中，对平成银行的定位是没有存续期限，它是一个"永久存续的金融机构"。但是，西村称，由于金融体系的健全化不需要垃圾处理器了，并对外说明"存续期限为 5 年"。

西村的另一点要求是，广泛地聚集民间对平成银行的出资和低利息融资。

关于平成银行的出资比率，借用了经常用于财政政策的 50% 国库补助的想法，预先制订了日本央行出资 50%、民间出资 50% 的方案。在此基础上，民间出资主要从和破产金融机构有关联的金融机构筹集。

但是，到了制订具体方案的阶段，西村提倡，不仅仅是相关金融机构出资，还要采用"全日本方式"向所有金融机构请求出资，以及为弥补损失进行低利融资。

日本央行方面提出异议："对象范围太过扩大的话，步调不统一，会变得很棘手。"日本央行同时主张应该将范围限定在城市银行，寻求它们的协助，但西村没有做出让步。

这一形态在后来被称为"捐献簿方式"，遭到了严厉的批判，但在这一时点，西村有自己的理由。

首先，“相关金融机构”是温和的叫法，但怎样划分却出乎意料得难。资本关系、业务合作、人脉关系、亲戚关系等，形态各种各样。

被金融当局指名为“有关系”的金融机构，一定会要求将认定的基准明确化，抗拒出资。考虑到金融界根深蒂固的横向比较意识，西村认为，比起“因为有关系”，听到“因为大家都出资了”的话后，金融机构会更容易做出出资回应。

更为重要的是，西村想要以这种方式为跳板，导入强化存款保险财源的“特别（附加）保险金”制度。

在日本央行的内部文件中，对于银行局主张“全日本方式”出资的理由记载如下：

“本来的话，只要征收特别保险金进行应对就可以了，向所有加盟存款保险的银行请求协助是主要方法。”

当时，利用存款保险对接管金融机构进行资金援助，是以假定存款限额保护实施情况下的保险金支付总额为上限的。因此，破产金融机构产生的损失超过这一上限时，除了相互捐献外，没有其他办法填补损失。

西村自己回忆道：

“不是对这两家信用合作社进行破产处理就结束了，今后也要利用这一框架进行其他处理。既然如此，我认为为了维护金融体系稳定，有必要将特别保险金（不是‘捐献簿方式’）制度化。”

涌向两家信用合作社问题处理的激流，使得经常没有活力的日本央行再次恢复生机。

特别是前述《日本经济新闻》的报道出来之后，信用机构科接连几日一直到深夜都处于全面开工的状态。

恰巧这时，调查员中曾宏接到了上级下达的任务。

“关于整个金融体系，希望能够写一篇系统性的演讲稿。”

这是因为，1994年12月，日本央行总裁三重野5年任期届满卸任，日本央行上层部门秉承善始善终的想法，围绕金融政策和金融体系问题、《日本银行法》修订等政策主题，分别预进行总裁演讲，意在将之作为“三重野语录”留存历史。这期间，金融体系问题的草案撰写转交至中曾手中。

后来，中曾作为信用机构科科长，面对1997年、1998年的金融危机，也接到上司的命令“希望你能够全力以赴”。

除了研究堆积在信用机构局的大量资料外，中曾还博览关于信用维持政策的国内外参考文献，并反复和周围的人讨论，于10月末完成了题为《金融体系的稳定和日本央行的作用》的草案。

信用机构局局长增渕亲自做了修改，并去了总裁办公室。

此时，距离三重野的卸任只剩下两个月了，他一边说着“这个主题是最后的演讲了，因此，希望能够做到不留遗憾”，一边浏览原稿，做出详细的指示。虽然第二天就要演讲了，但三重野并没有妥协。

“还有一天，再锤炼一下。”

三重野插手讲演的原稿，这还是第一次。好几位部下目睹，回来的时侯增渕表情严肃，将自己关在局长室里，独自撰写原稿。

增渕花了几个小时修改了原稿，将中曾叫过去慰劳道：

“做了很大的改动。不过，这部分还是原封未动。”

这样说着，将下面的一段拿给中曾看：

→ 中央银行最为关心的，不是要不要使有问题的个别金融机构存续，而是它们会不会动摇整个金融体系。虽说是金融机构，也只不过是一家私企，既然如此，就有可能陷入经营破产的状态，但是，救助所有濒临破产的金融机构并不是中央银行的工作。从培育基于竞争机制的健全金融体系的观点来看，有必要任由个别理应破产的金融机构破产。但是，那样的破产如果动摇了整个金融体系，就不得不予以阻止。①

这一部分是中曾费大力写的，无疑是演讲的亮点部分，倡导了日本央行维持金融体系的基本理念。

平成银行的构想正被当作现实的政策予以推动，实际上，中曾强烈地意识到平成银行构想作为现实政策开始启动，才写出了这篇文章。虽然不是这两家信用合作社问题的直接负责人，但想到根本性的处理终于开始了，中曾浑身一震，精神也振作起来。

对草案予以认可的三重野和增渕当然知道“那一天”临近了。“救助所有濒临破产的金融机构并不是中央银行的工作”这一过激的消息，预告了这两家信用合作社处理的必然。

10 月 31 日，星期一。

三重野的演讲要求金融机构明确自己的经营责任，因而一度成为金融界的唯一话题。

① 摘自 1994 年 10 月 31 日，日本央行总裁三重野的演讲原稿。

三重野的演说平稳中透着坚决，中曾一边听一边想着：

> **这好似为实现金融体系稳定的宣战公告。**

第四章

收不到的危险信号

为什么金融当局犹豫了

否定了关于兵库银行救济报道的吉田正辉行长。

（神户、神户经济记者俱乐部，1995年4月26日）

1994 年

9 月 20 日，欧力士蓝浪队（Orix Bluewave）的选手铃木一朗达成单季 200 安打的成就。

10 月 13 日，大江健三郎获得诺贝尔文学奖。

1995 年

1 月 17 日，阪神大地震。

令人担忧的警告

大藏大臣武村正义被众多政敌包围。

高举政治改革大旗，脱离自民党，成立新党的武村，巧妙地在3次候选中取得了细川政权的官房长官之位和村山政权的大藏大臣之位。他深得村山的信赖，从而成为下一任首相的候补。

但是，武村的政敌出于嫉妒和警戒心，将他称作“侵略式政治家”。和他自由无拘束的形象成对比的是，武村凭借巧妙的权衡反复实现目不暇接的转身，登上权力的阶梯，这不知不觉中使他成了自民党议员们的靶子。

大藏官僚们都有意回避武村。

他提倡“脱官僚主义”，以此作为新党的理念，并高声呼吁政治主导权，官僚们对他过剩的政治野心也多有戒备。①

---

① 1994年6月30日的大藏大臣就任见面会上，武村就向着由政治主导来决定政治决策过程的目标前进，发表了宣言：“政治家们必须一边好好思考政治与官僚、行政的理想存在方式，一边开始新的努力。”

在这当中，银行局局长西村吉正是能够比较轻松地进入本省2楼大藏大臣室的一位干部。

武村由于政界调职从自治省辞职时，认识了和他同样是滋贺县出身的西村。西村一有机会总是移步大藏大臣室，不断报告近况。武村也依靠西村，试着打听处理会计和税务的主要官厅的“真心话”。

1994年10月5日早晨，西村向武村说明了东京协和、安全两家信用合作社的经营问题。

在向武村汇报的时候，西村一般会带上负责的审议官，或者总务科科长、负责科科长。

但是，这一天早上10点，西村一个人来到了大藏大臣室。

将近15分钟的近况报告的重点是日本信托银行的处理问题。紧接着，西村首次表明了上述两家信用合作社的状况。

“实际上，信用合作社的经营状况很不好，因此不得不采取一些措施。作为监督机构的东京都也很头疼。”

武村毫不犹豫地回答说：

“这种机构就让它破产吧。”

这种直观的反应，真像武村。

“如果这么糟糕的话，也不要创建接管机构了，使它破产就行了。破产之后即便不采取什么措施也没关系，不是吗？”

“大臣，那也是一个想法，但是如果这样做，就无法全额返还存款。”

武村本身对金融问题并不是很明白。随之，西村简单地说明了存款限额保护的构成。

“从制度角度来说，将会用存款限额保护来处理。但是，全国不仅有两家信用合作社，全国的存款者会做何反应，想到这一点，单纯凭存款限额保护是不行的。我们也很为难。”

“原来如此，并不能简单地就让它这样破产。”

说完这句话，武村沉默了。①

11 月 10 日，西村也到大藏大臣室进行了近况报告，但武村并没有指示这两家信用合作社问题该如何解决。武村把一切交给了西村。

与武村截然不同的是，监督机构东京都直到最后关头还在左右为难。

根据在这个夏天同大藏省一起进行的联合检查，东京都也知道这两家信用合作社已经无法重建。但是，中小金融科即使知道了 9 月《日本经济新闻》的报道消息，并且进行了“催促”，东京都的动作还是很迟缓。

银行局的负责人发出了这样的言论：

“东京都也明白必须采取些措施，却不明白该怎么做，也缺乏具体的方法。所以，他们打算暂时观望，现在并不采取行动。”

这时，根据《中小企业等协同组合法》等条例，信用组合的监督权限被委任给了都道府县的长官（知事）。虽然执照的发放、检查、监督，或者营业停止，都是以知事的权限进行的，但实际上这些仅限于平时的情况。知事并不具备承担巨额损失、处理多个没有接管机构的信用合作

---

① 两人的对话由 1995 年 2 月 22 日的众议院预算委员会会议记录和相关人员的证言构成。在这个委员会上，西村做出说明：“向大臣说明具体名字的理由是，在 9 月 17 日的报纸上出现了关于这两个问题的报道。我们在紧急对策层面做了说明。”

社的实际业务能力。①

大藏省的内部资料关于东京都方面的说辞这样记载道：

“让信用合作社破产，清算它，随后宣布倒闭，并且不返还存款，我想这是无论如何也不行的。但是，也不是任何地方都肯合并它，东京都不能救济。这件事无法处理，我们已经无计可施了。”

但是，对投降的东京都，大藏省也好、日本央行也好，直到最后关头都没有告诉它平成银行构想的存在。

银行局认为“如果告诉了东京都，就立刻会被泄露出去”。日本央行的负责干部也回忆道：“我们很怕消息扩散出去。”

大藏省的文件中，对日本央行强调情报管理的必要性这件事做如下记述：

“不和相关者商量也可以。即使商量了，得到的回答也肯定是‘嗯’。比如说，对城市商业银行的人还是在公布之前有所隐瞒比较好。如果中途向报纸之类媒体泄露消息的话，就会失败。”

当时，还没有当局者意识到，坚信平成银行构想并贯彻保密主义反而会在后来成为祸根。

事情拖延到11月中旬，最终发展成西村和都首脑的直接谈判。由于累积了很多事务层面的协议，他和副知事牧野洋一的会谈被安排在18日。

根据国家行政组织法，委任给都道府县知事的国家行政事务，各大

① 比如说，这个时候东京都信用组合科的工作人员一共35人。这当中负责检查的25人对都内52个信用合作社进行了检查。信用组合科的检查、监督事务在1998年5月被地方分权推进计划列为国家的直接执行事务，在2000年4月1日被划出。

臣可以指挥、监督知事。西村代理大藏大臣，向牧野强调了及早处理的必要性。

但是，牧野对此面露难色。在认同破产处理必要性的同时，他希望来年春天的都知事选举来临之际，铃木俊一的卸任不受影响。

“在都知事选举进行之前，我希望你无论如何都能谅解。我想目前什么都不做，再观望一下。”

只是，这话听起来，牧野也知道处理是无法避免的，但由于找不到方法，不知如何是好。西村感觉到，如果向他指明处理的方法，就不会再踌躇不定，不是吗？

“其实，有这样的方法。”

西村计算好时机，向他展示了平成银行构想的极少一部分，就这样一下子“压倒”了他。

“如果您有心要干，我们也会下定决心想办法。所以，请做出决断吧！已经不能再拖沓了。”

东京都方面踌躇到最后，还是接下了西村抛来的引线，做出行动。也是在这一天，东京都的信用组合科传唤了东京协和信用合作社的高桥治则理事长，对他说：“希望你全部委托给我们”，以此打探他的态度。①

11 月 28 日，星期一。

日本央行总裁三重野康发出了许可处理方案的指示。信用机构局局长增渕稔立刻向负责理事小岛邦夫报告。

---

① 摘自 1995 年 3 月 9 日众议院预算委员会会议记录。

“开球吧。”

增渕用“开球吧”来表达对金融体系问题的正式处理。

“是嘛，终于要开始了。”小岛充满感慨地回答。①

12月1日，星期四。

西村来到大藏省拜访大藏大臣，请武村做出决断。在武村明白了“只能这样”之后，他向首相村山富市做了汇报。②

12月5日，星期一。

西村在赤坂王子酒店再次与牧野副知事会面，首次向他传达了处理方案的详细内容。为了将市场的震荡控制在最小范围内，决定将“那个日子”放在12月9日，星期五。

12月6日，星期二。

日本央行的所有理事都知晓了处理两家信用合作社的方针。

“这里说是日本央行出资，做得到吗？”

一位出席者惊讶地提出疑问。方案的全部内容只有三重野康、吉本宏两位总裁和福井俊彦、小岛邦夫两位理事知道。

“根据《日本银行法》第二十五条，出资是可行的。”③

增渕做出说明：

“第二十五条是一条笼统的条文，根据该条，为了维持信用，只要

① 其后，增渕为了向被内定为下一任日本央行总裁的松下康雄说明两家信用合作社的处理方针，拜访了东京九段的樱花银行总行。

② 在1995年2月10日的众议院预算委员会上，武村在答辩时说：“我极为概括地向首相报告了关于遇到这种情况该怎么处理的自己的想法，首相没有任何关心和指示。”

③ 旧《日本银行法》第二十五条规定，经大藏大臣批准，维持信用所必要的业务可以实行。新《日本银行法》第三十八条也是同样的规定。

是需要做的业务都能做。"

小岛和增渕向理事说明之后，悄悄地离开了日本央行总部。同时，西村结束了金融制度审议会，也在下午5点多离开了大藏省。

而他们前往的地方，都是港区赤坂的日本央行冰川分馆。

日本央行冰川分馆与冰川神社毗邻，建在各种各样的树木繁茂生长的1 200多平方米土地上。第二次世界大战结束后，为了能够顺利对外谈判，1947年日本央行将它从实业家田村驹治郎手中买入，用作同大藏省等机构秘密交涉的据点。①

这一天上午，银行局中小金融科与住友银行的森川敏雄、富士银行的桥本徹、日本长期信用银行的堀江铁弥三位行长取得联系，请他们移步冰川分馆。

这三人——森川作为全国银行协会联合会会长，桥本作为东京都指定金融机构的长官，堀江则由于与东京协和信用合作社的密切联系，先后被叫进会议室。

西村和小岛坐在会议室的中央，中小金融科科长田村义雄作为记录员列席在旁。西村淡然地说明了两家信用合作社的经营已陷入僵局，并表达了希望日本央行和民间机构能够各出资一半，合作设立接管银行的想法。

"如果用只向一部分人寻求合作的方法，就会产生股东代表诉讼等问题和一系列怨言，从而导致无法合作。如果所有人一起做的话，

---

① 作为1965年对山一特别融资做出决策的舞台的冰川分馆，田村驹治郎当时的建筑物被原封不动一直使用到现在。冰川分馆在19世纪90年代重修，1994年秋天新设施竣工。

那就是大家齐心协力来拯救金融系统，这样更能进行下去，不是吗？比起贫者的一点援助，寻求全日本的通力合作，这样才不会遭到大家的反抗。”

同时，和行长一同过来的负责策划的董事正在另一间房间里听增渕和两位银行局审议官根据资料对方案做出的说明，内容为：

接管银行将命名为东京共同银行，资本金为400亿日元，日本央行和152家民间金融机构各出一半。新设立的债权机构将1 500亿日元的不良债权以约700亿日元售出，差额800亿日元的直接损失则用存款保险的捐赠和民间金融机构的让利来填补。未来的次生损失将用东京都的收益支援和来自日本长期信用银行的捐赠来处理。

三位行长对突然的请求和方案内容感到惊讶，却没怎么反对。处理两家信用合作社问题的这一历史性集会，在30分钟内就结束了，一切都已被安排好。

宿命中的12月9日，星期五。

官员们的情绪高涨。清晨，在日本央行总行召开的政策委员会上，听到200亿日元的出资已被批准这个消息的第三代信用机构科科长田边昌德，比了个胜利的手势来表达喜悦之情，信用机构科的全体员工发出了经久不息的欢呼声。回想起来，1993年的时候，第一代科长白川方明提出日本央行出资建立接管银行这件事招致了银行局的反感。第二代科长小林英三向银行局提出了将此用于两家信用合作社的方案。经过坚苦卓绝的谈判，这一历史性方案终于实现，现场的员工一起分享着这份喜悦。

西村也能理解日本央行的这个愿望。他在后来这样坦白，虽然是他向三位行长提议在冰川分馆集会，但这其中也包含了报答日本央行的意思。①

当初，这个方案本来是要在9日傍晚发布的，但由于《日本经济新闻》在晨刊上揭露此事，于是公开发表就提前到了上午。记者见面会上，武村强调了“这完全是破例的措施”，三重野说道：“两家信用合作社是实质性的倒闭。”大藏大臣、日本央行总裁、东京都知事的谈话也相继被披露，当局已完全统一步调。

两家信用合作社的柜台并没有混乱，金融市场也未见动摇。大众媒体的论调除一部分之外大体上是善意的。②

新的破产处理方案被应允了，西村感到努力有了结果。

方案发表之后的第五天——12月14日，关注两家信用合作社处理方案的前首相宫泽喜一把西村叫了出来。

当时西村刚刚拜访了与英国大使馆相距不远的千代田区一番町的事务所，宫泽果断地向他发出了处理住专问题的行动指示。

“这是日本经济全体的问题，最好也研究研究投入公共资金。”

自民党恢复政权以来，宫泽作为领导派阀的重要人物行使着他潜在的影响力。

---

① 西村说道：“日本央行拼命在行动，所以我在想有没有什么支持日本央行的办法。”关于同三位行长的会面场所，除了冰川会馆，港区三田的大藏省共用会议所也成为候选。

② 《日本经济新闻》以《无路可走时，日本央行出资救济的银行》为题，《读卖新闻》以《日本式的金融救济的极限》为题，《每日新闻》以《加快自我责任原则的制度制定》为题，纷纷登载了社论，指出问题的同时，表明了一定的理解。只是，《朝日新闻》却刊出《对日本央行出资抱有疑问》的文章，后来也一贯采取批判态度。

“如果从金融方面投入感到困难的话，那么考虑一下从农业部门入手呢？这样做的话，社会党也能跟得上节奏。”

宫泽的建议是说：如果能把处理住专问题用的公共资金投入到农林系统金融机构就可以了。

对宫泽来说，公共资金问题是1992年夏天以来一直悬而未决的问题，他始终认为这一定要解决。

宫泽感到，自民党恢复政权和处理两家信用合作社，使处理金融问题步入了新局面。

但是，西村却无比慎重。

“过分的问题政治化反而使处理变得困难了，不是吗？”

宫泽说：“对倒是对。”随后充满讽刺地总结道：

“不过，农林系统（金融机构）并不是站在存款者的立场。”①

关于面向住专公司的巨额贷款，农林系统金融机构像存款者一样，要求本金保证，这一点宫泽怎么也无法理解。

行动的不只是宫泽。在西村去了一番町事务所的第二天（12月16日），他又被政务调查会会长加藤纮一叫了过去。很显然，宫泽是给了加藤一些暗示。

“那接下来住专公司的事该怎么办？”

加藤直截了当地问了之后，又先说出了回答。

“只能暂时放一放了，不是吗？”

西村也有同感。他认为：至少在经济恢复，利率上升之前，包括农

---

① 摘自《宫泽、西村会谈纪要》。

林系统金融机构在内的当事人都不会有所行动。

“宫泽其实说了很有意思的话。”

加藤这样说着，透露了“暗示”的一部分：

“泡沫经济的时候，国家在5年间赚到了31兆日元的税收。宫泽君这样说‘那么为农林系统金融机构出个1兆、2兆日元不可以吗’。”

在一番町事务所时，宫泽所说的“从农业部门入手”，正是这个意思。他向加藤建议说：“由于泡沫经济，国家税收大幅度膨胀，而这其中的一部分应当‘还原’到金融系统中。”

“因为面对其他问题时，他也向农水省的官房长说了这些话。”①

加藤还感觉到了处理两家信用合作社这件事上西村流露出的积极性，从而开始走下一步棋。

笼罩在经济系统上的乌云，此时应该已经退去。东京共同银行也将成为处理其他信用合作社的接管机构。看得出为了处理住专问题，政治环境也开始完善。

但是，事态从这里开始向意想不到的方向发展。

12月中旬，距离处理方针的发表一周都不到，有一个大藏省干部暗中去了自治省，等待他的是自治大臣野中广务。

站在“反小泽一郎”最前列，对细川、羽田两政权紧逼不舍的野中在党内力量急速增加，开始攀登权利的台阶。

“东京协和的那个叫作高桥的理事长是个什么样的家伙，你们知

① 摘自《加藤、西村会谈纪要》。

道吗？”

对于野中的消息灵通度，大家已广为评论。

野中运用自己的情报网掌握着一些“丑闻”。他详细地说了其中一个：“高桥与数名在野党代议士有牵扯，而且对大藏官僚过度款待。”

他甚至怀疑高桥和大藏大臣武村也有关系。也就是说，这次处理两家信用合作社的背后会不会也有这样的“政治背景”，他探询道。

“不，不可能有这种事。”

这位干部当即就否定了，野中却一边说着“不、不”，一边继续：

“这是从武村那里听说的，他说关于两家信用合作社的内容是很早以前就知道的。”

武村第一次听到这个消息是在10月5日。但是，当野中问他“什么时候知道的”之时，武村无意中回答说：“很早以前。”虽然这种对话在高自尊的政治家之间很普遍，但野中却推测：“说这话的是极力主张政治主导的武村，所以他一定在之前指示了些什么”。①

12月13日。在内阁会议的阁僚恳谈会上，终于爆发了对处理两家信用合作社一事的批评。唱不同论调的是野中和通产大臣桥本龙太郎。

野中要求彻底查明这其中的事实关系，他说：“在收下东京都市民所纳的税金和接受日本央行的支援的情况下，十分有必要进行严格的调查。”在内阁会议后的记者见面会上，桥本也明确地说：“如果事前（大藏省）和我商量的话，我不会赞成。”在这之后，两人也继续批判

---

① 这个干部说，野中特地在这个时候发出警告是因为担心这个从前的部下是不是卷入了接待丑闻。

这件事。在1995年1月17日的定期经济报告阁僚会议上，他们向武村提出这样的疑问：

“在大藏省中也到处能听到对处理方案表示怀疑的声音。既然事务性部门采取的是这样的态度，那么究竟是哪里来的力量使这样的决定得以通过的呢？”①

听了野中的“警告”，西村有种说不出的不祥的预感。

就在一周前，为达成宏愿而欢腾的日本央行，也渐渐退去了热烈气氛，变得鸦雀无声。在政界、官界和财界大量流传着两家信用合作社处理方案包藏邪心的揭发材料。大众媒体也开始议论：保护那些因高利率蜂拥而至的高额存款者是有问题的。②

“那样谨慎细致完成的方案，有死角吗？”

当局者大都记得，他们当时反复这样问自己，同时夹杂着不安的情绪，迎来了新年。

吉田行长的哀鸣

1995年1月23日。

阪神大地震发生后的第六天上午11：25，兵库银行行长吉田

① 对此，武村虽然强烈否定：“说是政治主导什么的简直荒唐。”但他并没有让对方信服与让步。桥本在之后的记者见面会上批评道：“保护大额存款者是一个破例措施。其他金融机构如果以高收益为目的的话，就有问题了。”

② 1994年12月30日的《朝日新闻》在头版头条上报道说：“两家信用合作社存款余额中的大约九成，是被高利率吸引来的大额存款。”大多数当事者都说，由于这个报道而形势突变。

正辉①在大藏省2楼的事务次官办公室与斋藤次郎会面，俯首鞠躬道：

“今天我不是作为兵库银行的行长，而是作为神户市民过来的。我们银行的情况很糟糕，地震过后当地情况严峻。事态不容易控制，能不能为我们想想办法？”

作为后辈的斋藤回了句“知道了”，并且为了鼓励吉田，又补充道：

“不过，西村目前投身于两家信用合作社的问题，没有余力顾及震灾问题，要出钱的话，我来想想办法。”②

随后，吉田又拜访了日本央行总裁松下康雄，强烈申诉了震灾的应对问题。他觉得既然自己能够直接见到事务次官和日本央行总裁，就必须行动起来，因而独自奔走。

大地震夺走了许多人的生命，一派悲惨的景象，另一方面，它无疑成了兵库银行处理问题的开端。

尽管各方为重建付出了努力，但在震灾发生的前一年，兵库银行的财务状况还是大幅恶化。1994年10月20日开始的大藏省的审查显示，受地价下跌的影响，兵库银行不良债权的比率达44.05%，高得骇人。吉田自己也不得不放弃自主重建方案。③

震灾对兵库银行造成了进一步的痛击，其位于神户市三宫的总行大楼

---

① 兵库银行自1994年6月末开始，取消了“社长”这一称呼，改为“行长”。这其中也包含了借助关联非银行金融公司的利率减免措施，今后专心于银行本来业务的信息。

② 这一天，吉田打算在和斋藤会面前，同西村进行一个小时的会谈。但是，西村由于要应对国会，没有时间，审议官花野昭男便急忙接待了吉田。

③ 吉田在1994年8月中旬的经营战略会议上便知晓了关联非银行金融公司的重建，即使再快也要晚于最初计划的时间这一事实。由于计划本身是以经济景气和地价“平稳增长”为前提制订的，这一下子便动摇了吉田对于重建的信心。

遭到破坏，附近事务中心的主机瘫痪。县内111家分支行中有45家受灾，总行和分支行之间，以及和其他银行之间的资金结算功能也瘫痪了。

震灾完全切断了濒临破产而一筹莫展的兵库银行的“呼吸”。

银行局审议官长野庞士向周围的人透露，这一时期，兵库银行的问题可能因此得以处理。

日本央行的负责人也回想道：“震灾使得大藏省的认识有了明显的变化。出现了一些其他理由，认为兵库银行危机不是由于利率减免方案错误造成的，而是因为发生了地震。不是金融行政的失败，而是由于自然灾害，造成如此局面，这是没有办法的。”

大藏省和日本央行向神户派去了人数很少的调查团队，针对震灾对兵库银行债权造成损害的程度进行了调查。

此外，当局进入准备阶段，意在对关西的大阪银行、福德银行、阪和银行的关联非银行金融公司遵照法律进行统一处理。

吉田自己在面对检查结果和大地震造成的悲剧时，也觉得应该赶紧进行根本性处理。

2月29日，星期日，吉田受到邀请出席了桥本龙太郎女儿的结婚典礼，并得知主要负责的审议官长野也在，便走近他说了如下的话：

“即便想要抵抗舆论，也应该挥舞牛刀处理兵银问题，展示金融体系防卫的意义。”

吉田因上一年年底的两家信用合作社处理，内心受到了强烈冲击。为什么不把兵库银行排在第一位，是想要放任我们不管吗？对此他深感不满。①

① 吉田曾经从寺村信行那里听说“保险柜中有一份紧要关头可以拿出来的方案”。虽然不知道具体内容，但是看了两家信用合作社的处理方案，吉田直觉认为“就是这个没错”。

据出席人员的证言，在处理完两家信用合作社问题之后召开的历代银行局局长会议上，吉田当着西村的面，进行了如下严厉的批评：

“这是小题大做。”

既然使用了东京共同银行这样的“牛刀”，对象就不应该是两家信用合作社这样的“鸡”，而应该是像兵库银行这种层级的“牛”。

但是，当时的西村想不明白，究竟应该如何处理兵库银行问题。吉田的窘境不难察觉，但虽说如此，没有银行愿意提供救济合并。即便下定决心想要进行破产处理，考虑到两家信用合作社的处理遭到了猛烈的批判，西村又开始动摇了。加上需要应对国会，西村没有余力考虑兵库银行的问题。

事实上，在1月20日召开的第一百三十二届定期国会上，两家信用合作社问题成了最大的论点。特别是对处理方案抱有疑问的野中广务在预算委员会上进行了如下发言，审议从一开始就处于紧张状态：

“我认为这次的处理很反常。从公共利益出发，虽然我也认为这样的支援是必要的，但对于这样的决定，仍感到非常疑惑。”①

由于现任阁僚提出异议，在野党势头强劲，处于困境的武村如下说道：

“我自己最初也直观地判断，利用存款保险进行处理，救济经营问题复杂的信用合作社是不被社会允许的。”②

的确，最初收到两家信用合作社的报告时，武村脱口而出“让它破产”。但是，随着对事实的关注度越来越高，处理的不透明性越来越明显。

① 摘自1995年2月3日众议院预算委员会会议记录。

② 摘自1995年2月3日众议院预算委员会会议记录。

此外，这一时期流传出关于武村的令人感到不可思议的消息，即在处理方案公布前，包括武村、曾经担任过首相的自民党人员、日本央行总裁，以及政财界大人物的保护人在内的4人在东京都内的日式饭馆进行了密会。

对此，武村以无“事实依据”为由进行了正面否定，但是在野党方面在审议中反复提及这一流言，想要使国民觉得处理方案“不纯”。

另一方面，就连刚刚结束日本央行总裁任期的三重野也遭到了批判。在10月末的演讲上，三重野曾发表宣言：“救助所有濒临破产的金融机构并不是中央银行的工作”，但是随后又对两家信用合作社进行了“救济”，于是遭到怀疑：这其中是不是有什么内幕？

从日本央行方面来看，两家信用合作社的案例纯粹是破产处理，和演讲有着一致性。但是，执政党和在野党的视线很是冷漠无情，甚至将三重野作为证人传唤。①

更有甚者，用两家信用合作社的丑闻直击大藏省的中枢。

就像野中警告的那样，受到东京协和信用合作社的高桥治则以及作为其盟友的经营顾问方面接待的官僚的名字会使大众传媒热闹非凡，到头来，高桥本人在众议院预算委员会上对此次事件进行了坦白。

“有报道称，平成四年，有人乘坐你的家用私人飞机去了中国香港游玩，对于那个人你还有印象吗？名叫田谷。”

对于在野党议员的提问，高桥毫不犹豫地回答道：

“是的，我们一起去的。”

---

① 三重野在1995年3月16日的参议院预算委员会上答辩道：“演讲中的言论不胫而走，这次的措施和我们拟采取的措施并没有矛盾。”

田谷广明是重要的主计官，这一时期担任东京海关长。此外，有人指出，就连曾经担任过宫泽喜一首相秘书官的中岛义雄主计局次长都和与高桥关系密切的经营顾问交往过密。武村立即将田谷调职，并基于内部规定对中岛进行了处分。但是，在这之后，对于大藏官僚的批判并没有停止，在3年之后的1998年，相继出现前所未有的接待渎职事件，①东京地检特搜部着手对这一情况予以彻底解决。

几条“黑色传闻”逐渐动摇了方案本身。

在处理方案方面，为了弥补由于两家信用合作社的不良债权问题引发的次生损失，东京都投入了300亿日元的低息融资。② 但是，在严厉的批判的背景下，都议会不再认可这一方案。根源于市民感情的纯粹的反对论，加之4月时值都知事选举，从政治立场来看，都议会希望优先考虑选举之事。两者相互牵扯，使得反对派在议会上占据了极大优势。

但是，对大藏省来说，负有监督责任的东京都负担资金是方案的“核心部分、前提条件”。而仅仅凭借东京都的资金难以妥善处理，所以日本央行和民间又进行了捐款，（现在）如果东京都不出钱的话，方案就可能瓦解。并且，如果容忍东京都反水，其他的道府县也会效仿，今后就难以处理信用合作社问题了。

---

① 大藏省渎职事件是指20世纪90年代，随着日本泡沫经济的破裂，日本公务员渎职事件被不断曝光，特别是大藏省官员接受民间企业过度款待而引发的渎职事件。

② 300亿日元是以1993年处理大阪府民信用合作社问题时大阪府的低息融资额为基准决定的。根据计划，新设的债权回收机构以1%的年利率从都那里借入资金，再以5%的年利率使用15年。4%的利率差所获得的运用收益达180亿日元（每年12亿日元），将用于填补损失。

大藏省惊慌失措，尽最大努力展开都议会问题对策研究，3 月 2 日天还没亮，5 家主要会派就将 300 亿日元的支出从预算中扣除了，转而将同等数额的资金投入财政调整基金中，听凭新知事的判断而制订的“冻结方案”获得了他们的一致同意。在东京共同银行即将营业之际，方案面临着崩溃的危机。

3 月 6 日，在参议员预算委员会上，武村万般无奈之下进行了如下答辩：

“300 亿日元为什么被存进了财政调整基金？因为（都议会说）现在的状况还不宜判断是否应该使用（这笔资金），所以没有做出决断。既没有说不使用，也没有说使用。”①

银行局被逼得走投无路，准备了“终极回应”，如下所示：

“的确，300 亿日元被扣除了，同等数额的资金被投入具有预备金意味的财政调整基金中。新知事开放低息融资的可能性无限接近于零，但还不是零。因此，现在判断是否予以否决还过于草率，但方案目前有效的说法也是在强词夺理。”②

银行局干部回想当时的情景，坦白道：

“如果明确了东京都不能出资的事情，那么民间也不会出资。但是，方案瓦解的话，也不可能回过头去再实行存款限额保护，真可谓是进退两难。因此，状况十分不利，只能希望还留存有百分之几的可能性。”

---

① 摘自 1995 年 3 月 6 日的参议院预算委员会会议记录。

② 在 3 月 6 日的参议院预算委员会上，在野党方面再三逼问“事实上是否决了”。但是，首相村山富市这样回答：“我绝不会在语言上有所掩饰或敷衍，我觉得问题的解决被延后了。”

经过了这千钧一发的时刻，东京共同银行于 3 月 20 日终于开业。①港区虎门的总行附近，这一天一早就由于地铁沙林事件②骚动不安。

“为什么不实行存款限额保护呢”“展示一下启动存款限额保护所需的基准”……

执政党和在野党露骨的论战，刺激了存款者的防卫本能，将大量存款从那些传言面临危机的金融机构中抽出。

最初使日本央行无所适从的是东京的宇宙信用合作社。刚进入 3 月，大宗定期存款的中途解约便纷至沓来，到了第二周，其资金运作破产的风险显现出来。到周末为止，理事长亲自调度资金，才避免了“猝死”。但是，宇宙信用合作社的资金筹措自此处于走钢丝的危险状态。

此外，据日本央行相关人员的证言：1994 年 8 月刚刚渡过危机的木津信用合作社在这一时期也向大阪府传达了“想要被托管”的意向。

但是，这一时期使当局最为苦恼的要数兵库银行了。

行长吉田正辉几乎每天都要给银行局局长室打电话，拼命申诉道：“请尽快采取根本性的对策。”他同时主张：一直这样假装不知道的话，到 3 月末，就不能公布决算事项，因此早期的决断是不可欠缺的。

3 月 12 日，星期日，事态有了进展。

---

① 东京共同银行接受了日本央行的出资而设立，日本央行当初曾预想“有央行信用作为支撑，能够吸引很多存款”。此外，关于出资金额，日本央行也做了说明“届时会回收本金和收益”。但是，受到这两家信用合作社丑闻的影响，东京共同银行没能像预想的那样吸收大量存款，日本央行大部分的出资金额也没能收回。

② 东京地铁沙林事件是指于 1995 年 3 月 20 日早上于日本东京的营团地下铁（现在东京地下铁）发生的恐怖袭击事件。发动恐怖袭击的奥姆真理教邪教组织人员在东京地下铁 3 线共 5 列列车上释放沙林毒气，造成 13 人死亡及 5 510 人以上受伤（部分罪犯于同年 6 月 14 日被日本警方通缉）。

在东京都内的酒店里，吉田出席了某银行相关人员的结婚典礼，同样受到邀请的还有西村。宴会之后，西村走近吉田，悄悄耳语道：

“让您担心了，但是我们也决定采取行动，详细情况由长野进行说明。”

之前备感苦恼的吉田，心情顿时明朗起来。

3 月 15 日，晚饭过后，审议官长野对吉田做了说明，正在筹划设立被称为“震灾应对银行”的新银行。

这一构想由西村、长野、中小金融科科长田村三人推敲而成，4 月被总结汇编在《有关兵库银行问题的处理》的机密纪要中。

（据纪要记载）兵库银行处于“必须尽快处理其经营问题的状况”，由于存款限额保护和救济合并等选项不可行，遂有了如下的处理方案：

> 处理的方向是，设立新银行以继承兵库银行的资产负债，接受存款保险机构的资金援助。
>
> 一、关于兵库银行
>
> （1）为了处理不良债权，兵库银行向新银行进行营业的全部转让，并在此基础上予以解散。
>
> （2）针对兵库银行的 12 家关联非银行金融公司，为了获得相关人员的理解要不断努力，并基于法律进行整顿。
>
> （3）对于和兵库银行关系密切的信用合作社、县民大和信用合作社、山阳信用合作社进行统一处理。
>
> （4）严格追究兵库银行的经营责任。

> 二、关于新银行
>
> （1）新银行作为健全的中枢性地方银行进行重组，肩负震灾复兴等社会使命。
>
> （2）新银行设立之际，当地自治体、经济界、相关金融机构、个人等对新银行进行广泛出资。再者，当初考虑到仅由民间出资，难以筹集全部资金，于是考虑在着手设立新银行之际，到民间出资结束为止的期间，由日本央行进行过渡性出资（以引发其他机构出资）。①

纪要的结尾写着“虽然有必要基于一般社会舆论动向或当地民众的反应进行应对，但从大多数观点来看，还是希望赶快进行探讨”，这展示了想要进行早期处理的强烈欲望。

长野在结束了大致的说明之后，说了如下的话以激励前辈吉田：

“我也好，西村局长也好，都很幸运地和关西财界有着缘分，一定会竭尽全力，在关西到处奔走的。”

吉田也没有异议。如果是这一方案的话，不会给存款者和交易方造成不安。

4月3日，吉田迅速和兵库银行的顾问律师进行商讨，着手对20家相关非银行金融公司进行清算。这20家金融公司在全国共持有6万件担保不动产，并存有登记簿，根据指示要秘密做好准备，以进行登记簿的核对等法律整顿。

4月15日，星期六。关于处理方案，西村直接向吉田做了说明。17

---

① 摘自1995年4月14日的银行局纪要。

日，吉田接到了顾问律师的电话，称申请准备已经齐全。

吉田确信所有事情都向着“那一天”顺利发展。

但是，仅仅一周时间，事态就发生了急剧变化。

4 月 25 日深夜。吉田从听筒那头听到了令人难以置信的话。

“吉田先生，十分抱歉，以目前的状况，那个方案难以实施。”

说这句话的当然是西村。

吉田勃然大怒。

“为什么?!”

即便立刻遭到了质问，西村也只说了句“时期不对”，便不再多言。

“局长是觉得我是大藏省的前职员，所以能够说出那样的话吧。如果是民间的行长说‘让我破产吧，我撑不下去了’时，你就不会这么对我说了吧?”

吉田的情绪高涨。

“银行局局长下令停止业务的情况我是知道的，但第一次碰到下令继续经营的局长，真是前所未有!”

西村始终沉默不语。吉田独自大声抗议着，但最终事情还是没能得到解决。

这样下去的话，兵库银行真的要倒闭了。

备感焦急的吉田，于 5 月 1 日将自己专心撰写的信带给了西村和日本央行理事田村。他希望能通过兵库银行方面的“呈报”，推动当局。

> → 本行也下定决心要进行根本性的处理，但仅凭自己的努力十分受限，希望当局能够给予如下支援：
>
> （1）为了尽早消除信用恐慌，希望金融当局表明，将全面支持本银行在经营方面做出的努力。
>
> （2）紧急情况下还恳请当局予以资金筹措。
>
> （3）即便一时规避了信用恐慌，只要本行及关联集团公司内的结构性问题没有得到解决，信用恐慌问题凸显的可能性就一直存在，现在的状况已经不容许有丝毫的犹豫了。虽然明知存在很多微妙且困难的事情，但还是希望能够尽早实施应对策略。至于时期，我想如果可能的话，决算发表的同时予以公布是最好的了。①

围绕兵库银行的处理问题，4月下旬开始，各种各样的消息登上了报纸。危机为国民广为知晓，兵库银行的资金运作更加恶化了。②

5月2日，星期二，吉田再次拜访了西村，表明了展望，迫使其“划定期限”。同时也拜访了主计局局长筱沢恭助、原银行局局长土田正

① 摘自标明的日期为5月1日的吉田提交给金融当局的纪要。

② 在西村传达了中止指令的第二天早晨，《日本经济新闻》就报道了“民间、日本央行出资兵库银行、裁定救济方案”的消息，随后，《朝日新闻》也在27日的朝刊上刊登了“以新旧分离的方式救济——大藏省、日本央行案”。银行局干部称，因为各种各样的方案被报道出来，根本性处理变得越来越难。据兵库银行的内部资料显示，受一连串报道的影响，自4月26日开始的3天时间内，211亿日元的存款解约了。

显，寻求他们的合作。此外，吉田还造访了原大藏事务次官。

但是，依旧没能得到理想的回答，吉田越加焦躁。

实际上，在吉田得知“中止”的8天前，即4月17日，西村叫来了负责审议官长野，下达了如下指示：

“据现在的状况来看，两家信用合作社问题还没能完结，兵库银行又受大藏省的直接监督，对其投入超过两家信用合作社规模的公共资金，终究不可行。即使想使用同一方案，也是行不通的。并且，在大藏省的主导下实施的话，由于吉田先生是大藏省出身，反而对他不好。要进行处理的话，希望能够考虑别的方法。”①

恰在那个时候，无党派热潮兴起，青岛幸男在都知事选举中获胜，而他在选举之际曾公开承诺，不会同意300亿日元的财政支出。此外，西村认为，对于兵银问题如果提出与处理两家信用合作社问题使用同一方案的话，对于遭到批判的大藏省来说，简直是火上浇油。

但是，围绕中止的真实意图，私下里还谈及其他一些说法，如大臣官房让银行局再等等。

对大藏省的批判和两家信用合作社处理密不可分，加之重新获得执政权的自民党执行部也参与到非自民党的细川联立政权中去，迫使事务次官斋藤次郎早早地辞职了。② 有人解释道，在这种一反常态的政治状况下，肩

① 摘自日期为1995年4月17日的西村给长野的纪要。

② 在处理两家信用合作社问题的国会上，干部们的过度接待问题被揭露，受其影响，自治大臣野中广务在3月14日的阁僚恳谈会上，希望斋藤次官能够辞职，他认为：“官厅职位最高的事务人员应该主动承担起责任，收拾这一局面。”野中在之后的记者招待会上也警告道：“部下受到处分，大藏大臣主动领罚，但是首脑（事务次官）却只是严重警告，这会导致组织的崩溃。”最终，斋藤在5月26日破例辞职，提前实施定期（职位）变动。

负监督责任的大藏省对银行进行破产处理，是难以想象的事情。[1]

5 月 11 日，星期四。还被蒙在鼓里的吉田，再次拿起了笔：

> → 可以预想到，如果就这样置之不理的话，事态将会变得很糟糕。关于根本性对策的实施（新计划的发表）时间，我依然觉得平成六年决算发表时的 5 月 25 日最佳。但是我也清楚，存在各种制约因素，求快不求好的应对方式是不对的，因此实施的时间可能会有所延后。我认为，在实施前的这段时间，会出现很多阻碍性问题，即便这些问题能够解决，也要到内定的 9 月下旬的中期报告之日了。[2]

吉田放弃了 5 月下旬的处理，而将新的截止日期定在了 9 月下旬，并告知了银行局。

吉田指出，大藏省已经下达了审查命令，如果予以无视，组织中期报告的话，可能会发展成兵库银行监察法人、监察人员，甚至是自己的责任问题，也可能会追究批准决算的银行局的责任。

西村和长野立即做了如下回答：

"在确立了住专问题的处理方案和金融制度调查会的进展方向后，想最迟于 9 月下旬启动新计划。"

但是，吉田也是银行行政的专家，知道好不容易引出的回答，又一

① 西村虽然认可现在是处理兵库银行的机会，但又称"时机还未成熟"。另一方面，其他金融当局的干部说道："问题的处理因为金融以外的某些原因被延后了。"

② 摘自 5 月 11 日递交至金融当局的吉田的纪要。

次以口头约定而告终，这样的风险极大。

于是，吉田突然搬出就任时做出的一期两年的约定，说要“辞掉行长之职”。① 要想让他继续干下去，只有一个条件，就是西村要立一张字据。

西村将下列资料交给了吉田，吉田于5月18日打消了辞职的想法。

> → 我对于平成五年春天，当时的尾崎事务次官拜托（您）就任行长一职的原委了解得很清楚。但是，以两年后的现状来看，仍旧很需要行长的高见和指导力，虽然有着这样的原委，但为了继续解决本行的经营问题，想恳请您务必尽力。
>
> → 关于兵库银行的经营问题，从维持我国金融的稳定性这一角度出发，也是极其重大的问题，以今年的中期报告期（9月左右）为目标，为制定根本性对策竭将尽全力予以支援，因此务请关照。②

就这样，对兵库银行的处理推迟了，5月25日，吉田出于无奈，“做出不知道的样子”，进行了3月报告的发表。③

在吉田5月1日发出的最初的信件中，有如下一段近乎哀求的话：

① 依据原大藏省事务次官的建议，吉田婉转地暗示了辞职之意。某一次官在听了吉田悲痛的申诉之后，劝说道：“除了辞职没有其他办法了吗？”

② 摘自西村给吉田的信。

③ 由于兵库银行在这次决算报表上公布的无法收回的债权为609亿日元，宣布破产时是7 900亿日元，在之后的审查中“膨胀”到15 000亿日元，因此招来了严厉的批判和不信任感。但是，在决算发表之际，第二地方银行只负责宣告破产方的债权，宣告规则本身并不能反映实际状况。

→ 经营状况仍在持续恶化，却不思考根本性对策。担任公共角色的银行经营者对存款者、客户、股东来说负有责任，从这一点出发，其应当明白这样的做法是得不到认可的。因此仰望当局明察。

务请关照。

“抹杀”法定利率

3 月初，围绕两家信用合作社的国会论战进入高潮。日本经济又要被日元升值、美元贬值的大浪所吞没。面对突破 1 美元兑 80 日元的“超级日元升值”的势头，金融当局惊慌失措，以致恍惚。

在 3 月初，东京都议会冻结了面向两家信用合作社的低利率融资，原本在 1 美元兑 100 日元左右浮动的行情，受到德国马克升值的影响开始动起来。

在因墨西哥和欧洲的政局动荡而引起的马克升值、美元动荡的强行牵引作用下，日元行情在 3 月 6 日达到了 1 美元兑 95 日元。两天之后，日元暴涨，一口气达到 1 美元兑 89 日元。在这期间，日经平均股价下跌将近 500 点，进入新年度之前，行情的未来走向越来越动荡。

“这个时候，应该下决心将短期市场利率往降低方向诱导。”

3 月 10 日，经济企划厅代表委员前田正博在日本央行政策委员会上最先提出意见。他大声朗读了准备好的文章，逼迫日本央行启动政策。

从通产省的通商政策局次长转职到经济企划厅代表委员的前田，在这次集会前，和他的原任职单位——通产省高层进行了仔细的磋商。

听到了日元升值之后产业界的悲鸣，通产省事务次官堤富男主张：应当谋求降低法定利率。但是，通产大臣桥本龙太郎并没有批准。

“公定价格应当在有效的时机果断实行。一旦谣传扩散出去，市场就变成了催促行情，在被确定下来前日元会持续升值。”

桥本之所以反对降息也是为了日本央行的独立性考虑。① 只是，有一位出席者从话语的细微处感觉到桥本是在照顾领退休金的人。存款利率下调到比这个程度更厉害的话，高龄人群是不会接受的。当时，法定利率已经降低到史上最低水准：年利率为1.75%，对低利率政策的不满在国民间扩散。②

只是，为了使急速而猛烈的日元升值刹住车，不得不寻求一些金融政策来应对。而代替调整法定利率的苦肉计就是将短期市场利率往降低方向诱导。

另一方面，日本央行自身也没有对法定利率下手的意思。

当时，实际上掌握金融政策决定权的是由副总裁福井俊彦、政策担当理事小岛邦夫、企划局局长山口泰组成的政策决策者组织。这3个人在前田提出意见之前，就筹划出接下来将短期市场利率往降低方向诱

① 桥本在担任大藏大臣的1989年12月，曾经为上调法定利率政策事前泄露事件和之后三重野总裁的不当应对方式大为光火，并且暂时取消了决定事项。霞关的官僚一致说，在情报管理方面没有比桥本更加烦人的为政者了。

② 对于从存款者处向金融机构转移利益的低利率政策，政治家怀有强烈不满。首相村山富市有一次在参议院正式会议前，将银行局局长西村叫至阁僚席，用强硬的态度催促他：“这个低利率就没有什么办法了吗？”而且，野中广务也在之后向干事长加藤纮一提出了作为选举对策的升息方案。

导，渡过难关的作战计划。

一位干部回忆道："我们坦率地讨论了这个问题：把原本1.75%的法定利率再往下降真的可以吗？"

回想起来，2.5%的法定利率是用来缓和《广场协议》之后急速又猛烈的日元升值冲击的，让这一利率长期保持不变导致了泡沫经济的发生，造成最终自吞泡沫经济崩溃的苦果。不应该为了汇率采取降低法定利率的金融政策，这是日本央行前总裁三重野康留下的训诫。

只是，另一方面，考虑到不良债权问题的严峻情况，为了抑制金融危机而实行的利率下调在将来一定需要。

政策决策者们商定好："在必要情况下实施紧急避难性质的短期利率下调，之后迅速恢复到原来的水平。"他们一致认为：不能以应对日元升值的名义将仅剩的1.75%这张王牌打出去。

在政策决策者们的脑子里还有另一个问题：难道无法从法定利率咒语的束缚中解放金融政策吗？

对日本央行来说，调整法定利率一方面是传家宝刀，另一方面又是政治干预的目标。迫于政治压力而失去调整法定利率的时机这样的事也不是只发生了一两次。

幸亏，利率自由化已经彻底结束，自由诱导拆借利率走向的金融调节已在市场形成定势。政策决策者们抓住了日本央行新总裁上任这一时机，计划试着运行不（只）依赖法定利率的新政策。

成为模型的是美国联邦基金利率（美国同业拆借市场的利率，最主要的是隔夜拆借利率）的诱导水准变更时，公布新目标和政策意图的美联储所运用的方式。福井他们如果公布了作为诱导目标的无担保隔夜拆借利率[①]的水准变更，那么可以预期得到一定的公告效应（法定利率变更等经济政策公开后，企业会采取与以前不同的行动）。

注重实效的小岛和山口得出了结论："从结果上看，法定利率不起作用了也没有办法。"在法定利率迫于政治压力动不了的情况下，只诱导市场利率，制定的政策发挥作用就可以了。既然法定利率作为基准利率的意义消失了，那么从结果上来看被"抹杀"掉也没关系。小岛邦夫毫不犹豫地得出了这样的结论。[②]

副总裁福井仍然面露难色，他说："还是想拘泥于作为象征的法定利率。"但法定利率的定位是将来的讨论课题，福井最后还是决定要挑战新方式。

日本央行干部坦白说："在这种金融战略及政策决策者们偏向往降低方向诱导市场利率的背景下，也有将大藏省银行局的'期待收益支援'的想法给顶回去的意图。"

每当金融机构的经营危机表面化时，银行局就靠法定利率贷款来向日本央行寻求收益支援。由于作为基准利率的法定利率通常比市场利率低0.5%～4%，那么以法定利率借款并在市场运用的话，确实能够得到

① 在民间金融机构调剂资金头寸的银行同业拆借市场，承担核心角色的是无担保call交易。"call"的意思是"有呼必应"，即专业人士之间基于相互信赖进行资金借贷。把借贷交易后的第二个营业日作为清偿期限的超短期交易称为"隔夜拆借"，日本央行为了将这个利率水准稳定在一定幅度内而进行金融调节。

② 政策担当理事小岛邦夫在1995年4月10日被参议院委员会唤来作证，他发言说："在存储款利率完全自由化的现状下，市场利率是决定存款利率和放款利率的最大因素。由于从现状来看，只有法定利率动起来的话并没有什么大的意义，所以这次的措施是实质性的降息。"

收益。从日本央行那里融资成为20世纪90年代初期处理破产时不可或缺的一步。①

对此，日本央行首脑早就看清了金融系统潜在的损失数额并不是用收益支援可以覆盖的，为了使银行局看到收益支援的局限和公共资金的必要性，采用新方式也是有效的。将法定利率搁置一旁，并将市场利率往降低方向诱导的话，差额利润会缩小，收益支援方案就难以实施。

一位干部证实说："我那时候想，不能让'如果拜托日本央行，就会得到收益支援'这样的念头在社会上扩大。而且，想把市场利率往法定利率上靠的理由也是这个。"

政策决策者们在3月中旬前，分析了各种各样的战略，制定了如下方针：法定利率下调推迟，对于下决心诱导降低的市场利率，至少也要观察两个月的形势。

日本央行总裁松下康雄制订的事务局方案里，下调法定利率这一选项并没有被列入。

然而，大藏大臣武村正义并不了解日本央行有这样的想法，他执意要下调法定利率。3月7日，武村关于日本与美欧金融政策协调问题这样发言："所有金融政策选项都可列入考虑"，他早早就有意要降息。

在日经平均股价跌破1.6万点，日元行情也上升到1美元兑88日元的3月23日傍晚，武村把总务审议官竹岛一彦叫到大臣室，发出指示想要在一两日内公布紧急对策。在24日的记者见面会上他做了这样的

---

① 据信用机构局的负责人称，银行局曾以使用存款保险的"前提条件"为由，向日本央行寻求收益援助。"令人不可思议的是，银行局认为，存款保险归国家所有。只有日本央行和相关金融机构承担起了责任，国家（存款保险）才能出场。"

发言：

"我充分认识到，利率政策是全部经济政策的支柱，同时对汇率政策也存在很大影响。日本央行也是一边认真地关注着经济形势和通货动向，一边下判断的吧？"

对于就任以来一向躲开"利率是日本央行的专管事项"这一评论的武村来说，说出这样的话等于是向前跨了一大步。

因为两家信用合作社的处理对策而受到过执政党和在野党集中攻击的武村，正为确保对日元升值对策的主导权和恢复威信而努力。

在武村下决心迈出一步的这一天，模仿美国联邦基金利率方式的新诱导降低利率对策被提上了日本央行董事会，并获得了同意。

日本央行企划局接受了这一对策，并告知大藏省大臣官房："我们将在30日进行形势判断，并在此基础上进行实质性的金融放松。"但是，由于大藏省到最后关头都没有搞清楚具体的金融放松方法和发表内容，所以他们并没有正确理解日本央行想要做什么。

错误的信息传递，成了之后混乱的开端。

以事务次官斋藤次郎为首的干部们接到了正在寻求紧急对策的武村的指示，于3月25日和26日两天放弃休息，进行紧急商讨。

武村为了打破事态僵局，提议与美国财务部长罗伯特·鲁宾（Robert Rubin）在旧金山或者洛杉矶进行会谈。但是，美国方面的反应很冷淡，斋藤他们始终持慎重态度："可能反过来被他们提出什么要求。"为了扩大内需，斋藤想要修正预算，但因为预算案即将成立，所以连讨论都没有允许讨论。

感到为难的武村去找了前辈桥本商谈。他悄悄进入通产大臣室，没有被记者发现。

武村问："有没有什么好办法？"桥本再三思考之后，提出了这样的意见。

"如果有机会和鲁宾碰面的话，就婉转暗示他我们要卖掉日本所持有的美国债券，怎么样？"

将售出日元、买入美元积累的巨额外汇储备中的大部分运用在美国国债上面，这事实上帮助美国弥补了财政赤字。如果不致力于使外汇市场保持稳定的话，出售美国债券这一"威胁"是会起作用的，桥本这样想。

但是，就连武村都没有自信可以做到这一步。极其重要的是，同鲁宾的会谈没有安排成功，构想没有了下文。①

苦于拿不出对策的武村把希望寄托于唯一有机动能力的金融政策上，尤其是调整法定利率。这在一定程度上是可以预想到的。

武村回想了一下，这样说道：

"我实际感受到了日元升值的异样和骇人的冲击力，思索着一定要阻止它，市场介入也做了很多却都不成功。在寻找着有没有什么办法的时候，最先注意到了与之密切相关的法定利率方针。"

---

① 据《朝日新闻》报道，桥本出任首相之后，尝试了这一"秘密作战"，引起了相当的骚动。1997年6月23日，从丹佛峰会归来的途中，到纽约进行讲演时，桥本遭到质疑："继续保有美国国债难道不会造成损失吗？"他这样回答："实际上，有几次想要大量卖出美国国债。持有美国国债确实在资金方面不是合算的选择，也有一种选择是卖出美国国债，用这笔钱来做外汇储备。但是，假如日本政府一下子放出的话，对美国经济的影响不是很大吗……我们经得起诱惑（售出美国国债来换取这笔钱的诱惑），也希望美国方面能够协力保持汇兑（市场）的稳定。"由于这一发言，纽约股市上演了史上第二大暴跌，慌张的桥本发表了说明："很遗憾，我真正的意思并没有传达到。"

只是，这个时候大臣官房知道日本央行要采取某些金融放松政策，但是因为“传话游戏”的含糊不清，金融放松政策的内容并没有被传达给武村。武村无论如何也想实行调整法定利率对策，3 月 27 日傍晚，他发表了以《关于目前财政金融运营》为题的处理方针。

> → 金融政策（的策划）一边注视着内外形势，一边筹划机动性的、有弹性的对策。

官房大臣想着：“如果是这样平淡无奇的表达的话应该没有问题”，并事先取得了日本央行企划局的谅解，向武村呈递了主要内容。但是，听了消息的媒体却胡乱推测说：“因为表达太过于平淡无奇，反而离降息不久了，不是吗？”

武村独自回应着记者团的提问，说着“接下来交给日本央行来判断”之类的话，没有否定降息的可能。一下子，预测降息的情绪高涨，3 月 28 日的各大主流报纸上纷纷刊登了请求日本央行降息的文章。

“为什么会出现这样的报道呢？”

身边的人回忆说，大藏大臣读了报纸后笑着感到百思不得其解。随即出现了这样的一幕：无论如何也要实现法定利率下调的他，说出了“直接给松下总裁打电话”这样的话，最后被周围人阻止了。①

---

① 武村就大藏大臣与日本央行总裁之间关于经济政策不能自由交换意见的现状，表示强烈的不满。他虽然主张：“事务人员之间不应该偷偷摸摸地，用间接叙述法来交换意见，而是应该更多地使用直接叙述法。”但因为日本央行的独立性，他的主张并没有被听取。武村回想道：“说起与松下的谈话机会，只有七国集团会议休息时间的短短一会儿。这真是奇怪的关系啊！”

3月30日下午5点。日本央行董事会上报告了关于经济缓慢恢复的情势分析。这时候，政策变更所需要的“情势判断”已经成形，企划局即刻为第二天早上的记者见面会做准备。

如果不出意外的情况下，3月31日在大清早的短期金融市场资金供给会大量过剩，引起利率降低，上午10点多的记者见面会上，山口企划局局长正式发出诱导降低市场利率政策的宣言。市场利率下调到更低，民间的银行因最低标准利率下调而做出行动。大藏大臣对此也很欢迎，代替法定利率的日本型“联邦基金利率”方式确立。企划局准备好的剧本直到3月30日黄昏还是毫无漏洞的。

可是，才过了几个小时，事态发生突变。

与大多数人的预想相反，德意志联邦银行发布了法定利率下调。

德意志联邦银行闪电式的法定利率下调是在日本时间3月30日晚上8点多。

通知传达之后，出去吃饭的大藏省干部们陆续回到了本省。因为同美国、德国的利率协调怎么也无法实现，在心不甘、情不愿的情况下，日本安排了3月31日的“实质性放松银根”。如果德国做出行动的话，那就是另一回事了。

总务审议官竹岛直接打电话至大藏省首脑的私宅，请求指示。

“既然德国行动了，那么诱导市场利率降低政策就行不通了。快点让他们切换成法定利率方针吧。”

接到大藏省首脑强烈意向的竹岛给山口打了电话。这时已过了晚上9点。山口对德国方面的行动并不感到惊慌，他拒绝说：“走到这一步，变更是不可能的。”竹岛仍然坚持己见，二人之间发生了激烈的舌战，但山口丝毫没有动摇。他对第二天的诱导市场利率降低政策抱有“绝对的自信”。

3 月 31 日上午 9 点，短期金融市场开始了交易。日本央行放弃对 6 200亿日元大幅剩余资金进行吸收，无担保隔夜拆借利率顺利下跌 2%。这是诱导市场利率降低政策的开始。

原本在这个时间市场应该引起了大骚乱，可是却很安静。这一天的各大报纸写道，“4 月的第一周法定利率也将降低”“今日首先进行降低市场利率的政策指引”，这是因为市场有关人员正期望着后面的降低法定利率政策。

上午 10:30 山口将举行记者见面会的消息也被市场理解为“下决心要公布法定利率调整”。市场和媒体对降息的期待已经膨胀到这种程度了。①

“这声明是怎么回事！完全不要听这种话！”

拿着山口发表的《目前的金融调节方针》，大藏省大臣官房的干部发火了。

出问题的一段话是降低市场利率政策指引的结论部分：“我们判断，保持目前法定利率水准不变的情况下，最大限度发挥金融放松的效果，促使短期市场利率的降低是合适的。”尤其是“保持目前法定利率水准不变”这一部分，大臣官房事前是不知道的。

---

① 3 月 31 日早上的政策委员会上审议了诱导市场利率降低政策。那时候有人提出了关于法定利率的疑问，日本央行事务局做如下说明：“如果对经济的认识不改变，那么法定利率就不会有变动。”经济企划厅代表委员前田正博也有寻求诱导降低法定利率政策的想法，即使内心抱有不满，也没能陈述反对意见。

3 月 24 日之后接到企划局关于“实质性放松银根”的事先联络时，大臣官房虽然对不下调法定利率这件事很不满，却想着：“如果一边留着降息的可能性，一边实行诱导市场利率降低政策的话，说不定可以减轻日元升值的压力。”经济企划厅的干部直到德国发表降息之前，也都还支持说：“与其发射所剩无几的子弹来钻别人的空子，还不如在市场保留不知何时会发射子弹的危机感来得明智。”

“保持目前法定利率水准不变”这段话对日本央行来说是理所当然的表达，但对大藏省来说，却是封锁了降息之路的“不合理声明”。

山口在记者见面会上摆出不支持降息的态度说：“关于法定利率，必须尽可能花时间慎重地反复讨论后再得出结论。”还摆架子说：“我们靠自己的判断来行动。”

虽然见面会之后，日本央行营业局放款 2 000 亿日元，隔夜拆借利率急速下降到差不多和法定利率一样的水平，但期待“下一招”的市场反应却相反，日经平均股价下降了超过 300 点，日元升到了此前的最高值。

大藏省干部逼问竹岛：“为什么要在市场交易时间，让日本央行举行这样的见面会呢?”被记者团团围住的大臣官房负责人发泄似地说：

“只有法定利率了，接下来由他们（日本央行）决定。”

大藏省和日本央行之间，蔓延着挥之不去的不信任感。

到了 1996 年的 4 月 3 日，好像要打碎日本央行的自信似的，市场“昏迷”得更深了。

日经平均股价落至 1.5 万点左右，日元行情不断上涨到 1 美元兑

86.5日元。在4月4日的阁僚恳谈会上，爆发了对不实行降息的责难。各大报纸也展开了对日本央行的批判：《日本经济新闻》发表了《新总裁，一登场就被淘汰》的社论，《读卖新闻》发表了《不认可日本央行的判断》的社论。

关于4月3日召开的日本央行董事会，参加者们回忆道："气氛简直跟守灵一样。"又不能对营业局自信满满施展的诱导市场利率降低政策进行批判，没有一个人对金融调节方针陈述意见。更何况，大家想着：这不是给新总裁的脸上抹黑么，因而整体气氛沉闷。

日元升值的加速，已经停不下来。

经济企划厅长官高村正彦说："为了炫耀独立性而牺牲恰当的金融政策的话，这真是本末倒置，就像狗咬尾巴团团转一样。"执政党相关负责人对启动《日本银行法》第四十三条规定授权大藏大臣下达业务命令之事窃窃私语。

武村也开始提出这样的责任论："我认为日本央行也应该对现在这个局面感到负有最大的责任，并且做出应对。"直到此时，日本央行才切身感受到紧迫的包围网。

"没有人预想到即使不动法定利率也没关系，做出这种决断的诱导市场利率降低政策反而招致了这样的政治介入。即使会有与之相应的压力，也没想到会出现得这么早，且范围如此之大。"营业局干部回忆道。

一周之后的4月10日，星期一。东京市场的日元行情最终冲进1美元兑80日元。政府、执政党决定在周末（14日）汇总完成紧急日元升值对策，紧迫感一下子高涨。

4月11日，经济企划厅在每月的经济报告中加入了这样的表达："恐怕（由于日元升值）会给经济带来坏影响。"并下决心修正降息所不可或缺的经济判断。[①] 大藏省大臣官房也对在日元升值对策中加入下调法定利率一事加强了对联合执政党的游说，并且说"总之，要创造安静的（社会）环境"来推动工作。

对于已经下达的政策判断才一周的时间就被推翻的情况，官僚们也深深地明白这伤及了日本央行的面子。正因为如此，他们也没有对日本央行继续严厉追究，而是思考着推进环境整顿，"诱导"下调法定利率。

4月12日晚上，大藏省事务次官斋藤次郎邀请日本央行副总裁福井共进晚餐。

席上，斋藤关于执政党的政治力学、日本央行所处的状况，甚至日元升值对策的效果一一做了说明。他还催促日本央行下决断，说道："在14日决定对策之后马上下调法定利率，这对日本央行来说才是最好的选择。"

听了斋藤一席话，福井在表达谢意的同时，只回答了一句："请让我们考虑一下。"不过，福井在决定与斋藤会面的时候就已经坚定了想法。

4月13日。日本央行总裁松下向周围人明确了下调法定利率的意向，政策变更的流程也确定下来，只是，来自行内的强烈的反对意见使

---

① 经济企划厅干部向高村长官报告："日本央行方面说如果不改变对经济的判断，那么法定利率就无法变动。"并且进言："难道不应该在4月的月例经济报告上修正经济判断吗？"

13 日整整一天都花费在了内部调整上，下调法定利率政策也没有咨询傍晚召开的董事会就内定好了。

当降息的正式通报到达大臣官房的时候，4 月 14 日的天空已经微微发亮了。

实际上，成为法定利率方针支柱的紧急日元升值对策被发表的第二周，日元行情一时达到 1 美元兑 79 日元，随后发生反转，开始下跌。4 个月之后，日本央行为了缓和金融危机的冲击，再次下调法定利率，不过“在短时间内恢复原样”的目标并没有实现，甚至导致了在前所未闻的零利率政策下，法定利率调节的手段基本失效的结果。

日本央行的这种因纠缠不清的政治介入和来自政府的“协调请求”而苦恼烦闷的状态，直到像悲壮宏愿似的新《日本银行法》在 1998 年被施行之后，还在继续着。

第五章

危机之门打开

为什么下决心投入公共资金

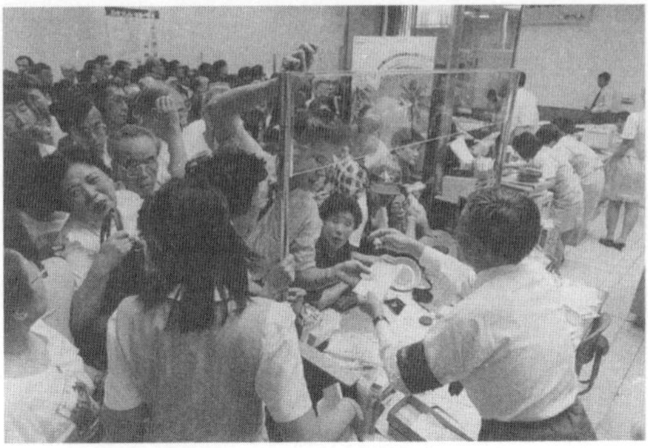

接到停业命令之后，存款者蜂拥而至的木津信用合作社总社。

（大阪市浪速区，1995年8月30日）

1995 年

5 月 2 日，野茂英雄投手在美国大联盟初次亮相；龙卷风登陆。

10 月 21 日，为了对美国士兵强奸少女的行为提出抗议，冲绳爆发大规模示威游行，参加人数达 8.5 万人。

12 月 8 日，快中子增殖反应堆“文殊”发生钠泄漏事故。

存款限额保护冻结的真相

和兵库银行问题一样，住专问题也是金融体系的典型问题。在1995年4月9日，星期日，日本央行还在为降低法定利率之事苦恼的时候，住专问题就显现出“要有所行动的迹象”。

这一天傍晚，时值休息日，主要干部陆续走进静悄悄的大藏省2楼事务次官室。

事务次官斋藤次郎、主计局局长筱沢恭助、官房长小村武，此外还有银行局局长西村吉正都着黑色礼服出席。4个人都受邀参加了中午12:30开始的银行局某年轻官僚的结婚典礼，途中返回了官厅。

随后，主税局局长、理财局局长、国际金融局局长、证券局局长、总务审议官都现身于此。

在休息日，各干部返回大藏省，破例举行了这场会议。

虽然在大藏省每周的星期一都会召开由事务次官主持的干部会议，

但是这种场合并不会进行实质性的讨论。各部局独立性很高，有人揶揄道："有部局，但没有省。"此外，也没有省内进行意见交换的场合。

主税局局长小川是提出了问题：在这个需要复合型改革的时代，这样的现象很奇怪，官房长小村听取了小川的意见，于是急忙召集了这一天的集会。由于恰在那个时候，对于紧急日元升值对策的探讨临近紧要关头，总务审议官竹岛将各局提出的具体方案作为大藏省案进行总结，并向各局长征求意见。

据出席者称，会议的最初进展并不顺利，但当主题转变为银行局案时氛围一下子就变了。西村定下了大致的目标，要在5年内处理好不良债权问题，对他的这一想法，事务次官斋藤提出了疑问：

"问题在于不良债权，大胆地将信息披露出去怎么样？"

"不行，一旦这样做，事态就会变得更糟糕。"

西村提出了反对意见，并对不良债权的状况做出了说明，但是斋藤并没有做出让步：

"住专问题的处理也是这样的。如果不一口气完成的话，就无法解决问题。"

当时，日元急剧升值间接导致了以不良债权为代表的结构性问题，这一观点被多次提出。

西村经过一瞬间的思考，回复道：

"不，如果先处理（住专问题），其他的案件就会变得无法处理了。"

西村看了一眼其他感到诧异的局长，果断地说道：

"住专问题只能放到最后处理。为什么呢？只有在这个问题上，公共资金的引入是不可或缺的。"

小川对这场激烈的争论感到十分震惊，并结束了议论："这样的话题不应该在次官办公室说。希望首先在官房和银行局进行深入讨论。"但是，西村说到了公共资金这一消息逐渐在省内传开了。

西村心中的确萌发了引入公共资金的念头。

一方面受到原首相宫泽喜一和政务调查会会长加藤纮一的催促；另一方面，考虑到7家住专公司所面临的巨大损失、农林系统金融机构的实力，加上地价下跌的速度，如果没有政治干预，这个问题是怎么也无法解决的。

但是，虽说是公共资金，也不是"一般会计方面的支出"，就像前任银行局局长寺村信行指出的那样，可以预想到，使用公共资金会遭到国民的强烈反对，引发政治混乱。除非金融体系面临崩溃的危机，如果为了处理非银行金融公司的问题而投入公共资金，作为当局者来说，无论是出于常识还是自身荣誉来讲，都是不允许的。

西村心中想的是，缓和母行和农林系统金融机构间的相互不信任状况，"政府作为催化剂，提供一定的保证"，围绕损失分担进行商议。

根据至此为止从大型银行那里得到的信息可以了解，母行"能够填补破产后的初次损失，但是由于不知道将来的二次损失会扩大到何种程度，因此不能草率地做出负担损失的回应"。只要母行犹豫不决，农林系统金融机构就不可能有所行动，就抓不住解决的头绪。

于是，西村写了一张处方：政府负担一部分次生损失，而母行和农林系统金融机构承担直接损失。根据这一想法，将来7家住专公司的第二类、第三类债权所产生的损失的一定比例由政府保证抵补。有了政府的保证，公共资金的投入就可以向后延缓，国民的反对也会小些。

公共资金作为催化剂，通过政府的保证，促使母行进行决断，使得其和农林系统金融机构的损失分担商议得以开展。在霞关的樱花散落之时，这一方案收入了银行局的口袋中。

另一方面，这一时期，银行局和关键角色农林系统金融机构的合作也变得顺利起来。

据说，处于系统最高层的农林中央金库理事长角道谦一和西村交往尤其密切，两人早就商定，不要将住专问题政治化。

1995年1月，角道在自民党本部和加藤纮一进行了协商，那时留存的会谈记录证实了这一点。

→ 角道："为了不使（住专）问题政治化，和大藏省以及日本央行都取得了联系，想冷静地处理。"

→ 加藤："不要将问题政治化比较好啊，知道了。"

→ 角道："虽说如此，（住专）能维持多久，无法预断。从全体来看，发展的方向还没有定论。这真是个令人头痛的问题。"

→ 加藤："宫泽先生说，采取美国式（投入公共资金）的做法怎么样，请为我说明一下。"

→ 角道："知道了。"

加藤是政务调查会会长，也是农水族的重要人物，他有意识地不将住专问题交给各部门。角道和西村也都不想将住专问题政治化，认为最好淡然处之。

围绕公共资金问题，银行局还构想了另外一条和住专问题不一样的投资渠道，即仅仅将未来的公共资金投入到信用合作社的损失处理中。

基于对两家信用合作社处理问题的批判，在今后的信用合作社处理过程中不允许再采用捐献方式。因此，银行局考虑限定期间，引进上调保险费率的“特别（附加）保险费”制度。

但是，即便如此，财源仍然不足该怎么办？——特别是，迟早会破产的木津信用合作社等损失额预计达数千亿日元。

银行局认为，信用合作社的损失不知道究竟会膨胀到何种程度，不能再让民间银行承担更多的损失了。因为存款保险的相当一部分财源来自存款量多的东京都银行等大型银行，如果再上调保险金的话，就会消耗大型银行的实力。

考虑到今后住专问题的处理，将信用合作社的“枷锁”从大型银行身上卸下比较好。为此，应把未来的公共资金投入到填补信用合作社的损失中去。但是，不要对银行投入公共资金，使其凭借自己的力量处理不良债权。

这是西村等人得出的结论。

在美国，也曾为了处理规模小的储蓄信贷协会而使用公共资金，但并没有将公共资金投入到商业银行中。那么，如果将范围限定在信用合作社的话，公共资金的直接投入也会得到认可吧。

之后，在这一方案被法案化之际，银行局内部和日本央行方面传来强烈的意见：“不仅仅是信用合作社，也应当保留向银行投入公共资金的可能性。”①

一名银行局干部记得，西村曾说了如下的话予以拒绝：

“如果接受了公共资金，银行的经营就会受到影响，变得一团糟。现在就算很辛苦，银行也应该硬撑下去，凭借自己的力量努力渡过难关。”

正好在半年前，西村也以同样的理由，要求三菱银行不要依靠存款保险对日本信托银行予以处理。

但是，西村在此时没有预想到的是，在3年后的1998年，日本大型银行受到了金融危机的大浪冲击，集体接受了公共资金的资本注入。②

1995年春，住专问题的处理越发加快了步伐。

政务调查会会长加藤纮一直接向西村下达了指令，要求尽快处理住专问题。时值1995年5月，西村正好就冻结存款限额保护5年时间的问题和银行局调查科的职员商议，讨论已接近尾声。

加藤没有引言，直接开口说道：

“住专问题必须予以处理了。”

他语调严厉，事到如今已经不能再延后了。

---

① 银行局的某位干部进行了两次劝说，但是西村坚决不同意向银行投入公共资金。另一方面，主计局对于向信用合作社投入公共资金也是一直反对到最后，称“不知道损失是多少的制度，在财政上是不能认可的”。

② 当时，几乎没有人意识到大银行的资本不足问题，1995年秋，关于这一问题曾在银行局进行过唯一一次讨论。美联储前主席艾伦·格林斯潘曾建议日本央行总裁松下参考美国金融恐慌时的经验，根据这一建议，银行局调查科研究了注入公共资金的可能性，与内阁法制局进行了非正式商议。但是，法制局指出，这超出了《存款保险法》的概念范畴，从那以后，探讨就没有进展。

“你的考虑我很清楚。我认为这是一个非常重要的问题。我也清楚，仅仅凭借民间力量，是无法处理好的。”

加藤说完，西村接着说道：

“但是，大家在两家信用合作社问题上都花费了很大的精力，因此不良债权的处理不是靠三言两语的漂亮话就可以蒙混过关的。根据信用合作社问题的处理，有些人会失去财产，甚至有人会失去生命，会发生各种各样的情况，可以说最后一定会造成揭开伤疤的局面。”

在两家信用合作社的处理上，和高桥治则交往甚密的官僚及代议士的名字不断被曝出，这些人受到了严厉的批判。[①]

“如果要处理住专问题的话，可能会比处理两家信用合作社问题更为错综复杂。我想肯定会给您造成麻烦，而且我对自己能否处理得好没有信心。即便这样也可以吗？”

加藤沉默地听完西村的话，做了指示，隐含着没有问题之意。

“针对这件事，请做好思想准备。”[②]

加藤作为政务调查会会长一步一步切实执行计划。自民党回归政权后制定的提高消费税率的方针，以及这一年春总结制定的紧急日元升值对策，都离不开加藤的政治实力。加藤和山崎拓、小泉纯一郎组建“YKK”集团，成为首脑，同时他又是宏池会的下一届领导，自信心日益增加。

---

① 1995年12月6日，东京地检特搜部逮捕了原劳动大臣、众议院议员山口敏夫，认为其违背职责，主导了东京协和、安全信用合作社向其亲属经营企业进行不正当融资。

② 摘自《加藤、西村会谈备忘录》。

加藤回忆道：

“当问题出现在眼前时，总而言之都需要解决。如果延后有好处的话就延后处理，如果没有的话，就在我们任期内予以处理。所以没有打算延后处理，而是决心让它终结。”①

进入6月，为处理住专问题，加藤成立了执政党规划小组。规划小组明确表明意图：“将自民党农水族的介入压到最低，在执政党三党的政调、政审层级对这一问题做出审理。”②

另一方面，西村自己也默默下定决心，在还剩一年的局长任期内，必须处理好住专问题。最初设定的“在利率上升后再进行处理”的脚本已经被打乱，省内外寻求根本性解决方案的论调很高，事到如今已经不能再推迟了。

这样一来，住专处理的时间表被大大缩减，就像定时炸弹随着时间的流逝而启动。

5年之后，进入21世纪。

远在兵库银行和住专问题的讨论接近尾声之前，西村的意识里就埋下了“5年”这一数字。

西村称不记得是什么时候读过，某个经济评论家著作中的一段话给他留下了深刻的印象：

---

① 加藤在1995年6月19日《日本经济新闻》的采访报道中做了如下陈述：“必须以住专问题为中心，着手进行不良债权的处理。接下来，政治家必须对发生的各种各样、错综复杂的事件做出判断。”这也印证了他对西村的指示。

② 执政党金融、证券规划小组在1995年6月27日举行了首次会谈。在会议记录中，记载有如下发言，“加藤政务调查会会长说要制定可靠的内容”“加藤政务调查会会长提出，怎么可以到定期国会为止什么也不干呢”，由此可见加藤当时的影响力。

→ 今后的 5 年时间里，无论制定怎样异于平常的措施，到了 21 世纪，日本经济都应当进行重整。

就任银行局局长以来，西村就习惯将“日本经济”4 个字替换成“金融”思考政策课题。

正逢 4 月上旬，围绕两家信用合作社处理的国会讨论过半，对紧急日元升值对策的议论显露头角。在各省厅提出的扩大内需、促进进口等各种各样的方案中，银行局针对不良债权的处理发出了讯息：

→ 关于金融机构的不良债权问题，在考虑保护存款者的同时，将实施利率减免包括在内，不拘泥于原来的构想，要进行积极处理，以解决问题为目标。

西村读了这篇以局内议论为基础锤炼成的文章后，毫不犹豫地执起了笔。在“要进行积极处理”之后，添上了一个时间限制——大约 5 年。

→ 不拘泥于原来的构想，要进行积极处理，以在大约 5 年时间里解决问题为目标。

这是局长的决断，谁也没有提出异议。

西村内心认为："花5年处理不良债权有点太长了，实际上大概只要3年吧。"但是，考虑到存款保险制度的法律准备和金融机构的信息公开，断定3年就能全部处理妥当，心里有些不安。

经过全面考虑，西村得出了结论：

"如果可能的话，就在3年内完成，多出的2年就作为缓冲期。这样一来，金融体系能够得以重整。"①

以这一讯息为基础，银行局6月8日发表了题为《关于金融体系的机能恢复问题》的金融行政运营方针。这是针对两家信用合作社国会上经常被问到的问题——"为什么不实行存款限额保护呢"的回答，② 也是今后破产处理的指南。

> → 面向21世纪，为了构建富裕的、创造性的经济社会，在所剩的大概5年间，以解决不良债权问题作为目标。
>
> → 在现在这一时点，即刻以存款限额保护的形式要求存款者分担损失是很困难的。应当尽早，最迟的话也要在5年内完成环境整顿，使得能够按照自我责任原则，对存款者进行问责。③

---

① 在1995年6月12日的众议院预算委员会上，西村答辩道："并不是说5年内不实行存款限额保护。因为实行存款限额保护的环境还没有完善，所以在这一期间，想专注于环境整顿。"

② 当时，存款保险机构只有15名职员，并不适合实施存款限额保护。但是，即便如此，日本央行还是采取了模糊不清的立场，称"接下来有可能实施存款限额保护"，并主张应当防止道德风险。理事田村达也在1995年2月20日的众议院大藏委员会上进行了答辩，结束后，西村追问道："如果发生信用恐慌，该怎么办？"

③ 摘自《关于金融体系的机能恢复问题》。

西村头脑中模糊的“5年”这一数字是不良债权处理的目标，并进一步向冻结存款限额保护的期限转变。

既然做出宣言要保护存款，就需要新的制度提供担保。例如，为了填补因为破产处理造成的、超过存款限额保护成本的损失，不是用“捐献簿方式”，而必须导入特别（附加）保险金制度。

本来建立这样的制度应当首先向金融制度调查会咨询，接受其答复，再向国会提出法案。

但是，这样的手续通常要花一年以上的时间，赶不及当下紧迫的破产处理。因此，西村在知道手续反了的情况下，决意公布此方针，根据行政判断先制定规则，基于此规则进行破产处理，再恳请金融制度调查会予以“事后应允”，请求国会“事后立法”。西村做好了准备，如果遭到越权的批评，不得已就辞职。

西村自己认为，存款限额保护的冻结只不过是为了消除对于两家信用合作社处理的疑虑，使得当前的金融破产处理能够顺利进行的“合理的行政判断”。

在这一时点，他未必能想象到，围绕该问题解决的是非，之后分成了两派，导致了各种各样的政治介入，时间不断延长。

西村回忆道：

“当时设想的是，金融手术大概需要3年吧，之后的两年休养生息，日本经济会再次恢复到健康状态。但结果是，我们低估了不良债权问题的本质。”

惊险的复仇之战

西村曾向吉田正辉立过一张字据，包括这一原委在内，他下定决心“接下来处理兵库银行问题”，并着手准备。

5月下旬，大藏事务次官由斋藤次郎换成筱沢恭助，随后，西村首先向就任中小金融科科长的石井道远下达指令，对设立接管银行进行探讨。一个月内，西村将高达800亿日元的增资方案确定下来，6月29日只身前往神户，和兵库县知事、神户市市长、神户商工会议所所长进行机密会谈。他是为了设立“震灾复兴银行”请求当地协助而去的。

但事与愿违，兵库银行问题处理遇到了阻碍。先其一步，东京宇宙信用合作社的资金运作危机显露了出来。

“虽然知道谈判的重要性，但我们这边也是火烧眉毛。总之，能不能快点过来。”

中井接到了6月20日发布的银行局审议官的任命，清楚地记得受到了来自西村的再三催促。

此前，原任国际金融局审议官的中井参加了世界贸易组织（WTO）的金融服务协商，预定7月在日内瓦进行最终谈判。他打算可能的话，在谈判结束后上任，但国内金融形势等不及了。

时隔4年又回归银行局职位，听了中小金融科的演讲后，中井这才发现事态的确很紧迫。

→ 宇宙信用合作社进入了读秒阶段，兵库银行、木津信用合作社也只是时间问题。这样下去的话，太平洋银行①将难以支撑。

存款量达4 800亿日元的宇宙信用合作社，在3月上旬资金运作就持续处于走钢丝的状态。6月下旬，据大众传媒报道，宇宙信用合作社已经向东京都提出经营重建计划，因此存款流出，面临着资金短缺风险。

对于执掌中小金融科的中井，西村命令他和东京都进行交涉，并对破产处理提出了两个基准：

“以正当法律程序和透明性为基准。”

从东京协和、安全两家信用合作社的破产处理和随后的混乱中，西村得出了两点教训：其一，过程不透明，直接展示破产处理结果的话，就会遭到暗箱操作的指责；其二，在大藏省的主导下进行处理，其结果会导致东京都丧失当事人意识，从而造成低利率融资的冻结。

为了不重蹈覆辙，首先要公开处理过程，使国民理解其正当性。另一方面，银行局认为，必须让东京都明白，它作为监督当局，负有重要责任。

同时满足这两个条件的方法就是下达停业命令。②

---

① 1996年3月末，太平洋银行经营破产，在樱花银行等相关的4家银行的支援下，设立了春潮银行，以承继其业务。2003年3月，春潮银行和三井住友银行进行了合并。但是，当时为了对三井住友方面的股票账外损失进行一揽子会计处理，春潮银行成为“存续银行”，震惊了金融界。

② 当时，都道府县的知事被赋予业务、财产状况的报告请求权、现场调查权、停业命令权、解散命令权等。

如果下达停业命令，就能够让国民知晓宇宙信用合作社经营已经极度恶化这一事实。在此基础上探讨处理方案，就不会遭到暗箱操作的指责了。[①]

再者，只能由知事发布停业命令，这能使其产生当事人意识，除此之外，没有比这个更加明白且强有力的行政手段了。此外，银行局还盘算着：新当选的青岛幸男知事是反对对两家信用合作社进行低息融资的，这次他也没法拒绝了。

对于请求全面支援的东京都，中井姿态强硬，认为都应当负起责任，撰写处理方案。另一方面，存款仍持续从宇宙信用合作社流出，大众传媒正热衷于围绕“第二个破产的金融机构”进行采访。

7 月 18 日，走投无路的都干部向青岛知事申诉，为了取得大藏省和日本央行的合作，这次都的低息融资是不可欠缺的。据相关人员称，使迟迟不肯答应的青岛最终同意低息融资的说服理由如下：

→ 如果宇宙信用合作社破产的话，为了应对作为其贷款客户的中小企业，也要拿出与低息贷款等额的资金。既然同样要出那么多钱，与其（让宇宙信用合作社破产）招致混乱，还不如用（把低息贷款给宇宙信用合作社）这个方法。

青岛勉强同意了，低息融资的方案也连夜传达给了银行局。距东京都冻结针对两家信用合作社处理的低息融资以来只不过仅仅 4 个月的时

① 金融当局人员称这一做法为“静止画像”，和在不知不觉中就结束处理两家信用合作社不同，这一做法会将破产的瞬间快照下来，给国民看过之后才进入下一阶段。

间，银行局就推翻了知事的想法。①

就像复仇一般，银行局对都步步紧逼，日本央行则提心吊胆地关注着银行局。

某位干部曾批评道："不知道正当法律程序是怎样，这样处理真的可行吗？方案还没有出台就下令停业，这只能说是一种冒险主义，会造成无可挽回的局面。"

日本央行担心的是，停业会引发挤兑骚动。

使都认识到自己的责任，这对于今后处理信用合作社问题来说是不可欠缺的。但是，日本央行担心会过度着眼于这一方面，从而使银行局小看了停业的"副作用"。

停业命令下达后，流动性存款是能够解约的，但是定期存款不能中途解约。这不仅会给宇宙信用合作社的存款者造成不安，还有可能波及其他信用合作社的存款者。对于这一点谁也不能否认。

当然，西村和中井都认识到了有挤兑骚动的风险。但是根据判断，如果大藏省和日本央行明确表明会予以支援的话，会切断不安的连锁效应。

银行局的一位干部称："可能性不是零，但也不会太高。如果是这样的话，（停业）是不得不进行的一个步骤。"

7 月的某一天，日本央行总裁松下康雄将副总裁福井俊彦、负责理事们叫到了总裁室，就这一问题展开讨论。会议上，赞成票和否决票刚

① 围绕宇宙信用合作社处理的融资案，青岛知事在 1995 年 9 月的都议会上进行了答辩："从结果来看，被理解成撤回对公众的承诺也是没有办法的。"对于在知事选举之际做出的、面向两家信用合作社处理问题，以及冻结 300 亿日元的承诺，青岛表示抱歉："当时的认识存在不足。"

好对半，最后松下结束了讨论：

“应该颁布停业命令。”

1995年夏和往年一样天气炎热，7月23日是盛夏日，随后一直到8月28日，连续37天高温。

最初打算在7月28日，星期五的下午7点颁布宇宙信用合作社停业命令。

但是，两天前，东京都询问理事长泰道三八继续经营的可能性时，泰道和律师一起到访，回答称：“资金运作没有问题。”事实上，一直担心的28日的资金运作也有了眉目，因此都只能暂时撤回破产处理方案。

银行局负责人记得曾从都那里听说：“这样一来可能可以维持两三个月。”顿觉浑身无力。

但是，近一个月来，大众传媒展开了采访战，一直没有停息。

《每日新闻》在29日的朝刊上报道《宇宙信用合作社，自主重建困难》。

虽然泰道否定了报道的内容，但经营危机广为传开，到周一时，混乱已经无可避免。

30日夜晚，东京都根据周一的存款动向，确定了发布停业命令和理事长卸任命令的方针，向大藏省和日本央行请求支援。

7月31日，星期一。

在宇宙信用合作社所有的分社里，都有手拿手机的日本央行的年轻职员在一旁望风守候。据消息称，上午8点开始，就有10位左右存款者在日本桥蛎壳町的总社前排队，9点开始营业时，队伍已经壮大到50人。过了11点，池袋、浅草等4家分社发生了挤兑骚动。存款者询问得知，解除存款合约需要花费 2 个小时，怒吼声一片，现场秩序混乱。

这一天，全国信用合作社联合会面向宇宙信用合作社设定了 400 亿日元的紧急融资框架，但瞬间见底，下午 2 点时已经需要追加融资。结果，仅这一天内就有 627 亿日元的存款流出，相当于宇宙信用合作社存款量的 14%。这一天的最高气温是 34.1℃。平成以来的第一次挤兑，就是在这样炎热的天气里，发生在宇宙信用合作社。[①]

对于超出想象的资金流出，泰道也感到了绝望，青岛知事在下午 7 点发布了停业命令，宇宙信用合作社破产。这是时隔 32 年自 1963 年的昼夜信用合作社事件以来，由东京都再次发出停业命令。具有讽刺意味的是，那个时候对这家破产的信用合作社进行救济合并的，正是宇宙信用合作社（当时的东都信用合作社）。

宇宙信用合作社的接管银行定为东京共同银行，[②] 但是，对于将近 2 400 亿日元的损失处理，没有采取“捐献簿方式”，而是再次向相关金融机构寻求支援，从这点可以想见，调整将会难以进展。被指名的关联方无一例外进行反抗，迟迟不肯答应支援。

结果，仅仅依靠东京都和相关金融机构不能填补损失，银行局又恳请日本央行进行收益支援。

8 月刚过，西村亲自前往日本央行总部，负责理事田村达也面露难

① 据日本央行负责人称，银行局当初估计存款的流出额“最多 100 亿日元”。另一方面，日本央行基于事前调查，汇报道：“有可能超过 700 亿日元”。银行局干部听后脸色发青，甚至提出有可能要暂时关闭门店。

② 东京共同银行承接了宇宙信用合作社转让的事业之后，在 1996 年 9 月改为“整理回收银行”。1999 年 4 月，和住宅金融债权管理机构合并，作为专门回收债权的“整理回收机构”（RCC）重新开始。

色道："不会进行收益支援。"但是，西村强烈请求进行低息融资，称："不可能不弥补损失就这样一直置之不理。"交锋的最后，田村以银行局提交"只限这一次"的文书为条件，勉强答应了请求。

在银行局和信用机构局的事务官员商议撰写的文书中，明确记载了如下事项：

> → 第一条，日本央行在10年间融资1 000亿日元；第二条，为了今后不再给日本央行增加负担，对包括导入公共资金在内的应对方案进行商讨。

这份事实上约定进行公共资金投入的备忘录，先保管在信用机构局的保险柜中，在导入路线明了后废弃处理。

在听闻宇宙信用合作社发生挤兑时，西村突然想到：

> **应该同时对兵库银行和木津信用合作社进行处理。**

相继发生的破产使得存款者的不安加剧，大众传媒的采访越来越过头了。很多记者"常驻"大藏省4楼局长室前的走廊，西村每次走出房间都会被追问。

"接下来是哪里呢？对此大家不敢多言，如果处理木津信用合作社的话，很快就会波及兵库银行。不管怎样，在接下来的两项处理中，必须结束'联想游戏'。"西村劝说自己道。

8 月 16 日夜晚，在港区三田的共用会议所召开了主要干部会议。西村向事务次官筱沢说明了早期一揽子处理的基本方针，并得到其理解。随后又向武村做了报告，武村很欣赏“同时解决”这一词语产生的反响，毫无顾虑地赞同了。

8 月 17 日早晨，负责审议官中井从西村那里听说了这一方针，感到非常吃惊。

此前，中井按照西村的意向制定了大致的日程表，“8 月末处理木津信用合作社，9 月下旬处理兵库银行”。现在西村却想在 8 月末到 9 月上旬，同时对二者进行处理。

宇宙信用合作社破产才过了两周多，围绕损失负担进行的协调还在继续。中井考虑到银行局和日本央行信用机构局的事务处理能力，认为一个月处理一件已经是竭尽全力了。

“木津信用合作社和兵库银行在地理上靠近，就像是近邻一样，因此早点一起处理为好。”

听了西村的说明，中井越发陷入沉思。

的确，从波及范围角度看，不得不这样做，但是，大阪和兵库本来就是不同的地区，这对一向论点清晰明了的局长来说，有点粗枝大叶了。中井心中藏着疑虑，但还是开始了同时处理的准备。

但是，西村突然转变方针，还隐藏着其他的“真实意图”。待中井意识到这一点时，暴风雨般的同时处理已经结束了。

西村在完成了对中井的指示后，下午就前往日本桥本石町的日本央行总部，预定在下午 2 点和松下总裁进行会谈。

据日本央行方面的记录显示，松下想要就住专处理的前景听听西村的说法，因而举行了这次会谈。进入 8 月以后，农林中央金库的领导层“不明白母行在想什么”，于是就来找松下商量。

这一时期，住专问题已经从西村那里脱手，委托给执政党三党的规划小组了。西村自己觉得，如果不从政治层面着手，这一问题就不可能解决，并决定对于规划小组的要求全部予以回应。据此，1993 年 2 月大藏省、农水省的备忘录、7 家住专公司的现场检查结果等，各种各样的重要信息都向规划小组公开了。

据记录记载，西村很是信赖规划小组，对于松下的提问，似乎很自信地做了如下回答：

“并没有成功的把握，但是我认为这是我们应该自己解决的问题。”

西村的发言传达出一个信息，即在住专问题处理上，不需要麻烦日本央行。日本央行将此解读为银行局局长面对总裁能那样断言，说明还是有成算的，便决心“静观其变”。①

只不过，西村记得这次的会谈不仅仅是住专问题一个主题，兵库银行的处理也是其中一项内容。

出身于神户市，曾担任过太阳神户银行（之后的樱花银行）行长的松下，为了阪神大地震后的复兴，特别是兵库银行问题的顺利处理焦思苦虑。

实际上，在一个月前，即 7 月 14 日，松下在三田的共用会议所向西村提出了如下建议：

“如果要新设震灾复兴银行以作为兵库银行的接管银行的话，那么

---

① 围绕住专问题的应有姿态，日本央行内部有着各种各样的议论，据干部称，归结起来大致如下：（1）是否动用公共资金是政府应该做出判断的问题；（2）因为住专没有聚集资金，就不会产生资金筹措问题，因此日本央行就无须出场。

行长除了米田准三就没有其他合适人选了。”

米田是神户商工会议所的副会长、樱花银行的顾问。他也是松下在旧制神户一中的晚辈，自太阳神户银行时期就支持松下。

自那之后大约一个月，在日本央行总部又召开了一次会谈，会谈上，西村告诉松下，兵库银行问题处理的日程提前了，并请他说服米田。

米田对于就任面露难色，但最终还是接受了松下的劝说，于4天后，即8月21日，对和西村进行会谈之事做出了回应。当天下午1:30，米田和西村在共用会议所进行了会谈，期间米田就任行长一事被确定。

剩下的就只是向吉田正辉报告了。

8月22日，星期二。

吉田于深夜乘坐新干线前往东京。由于第二天预定将由第二地方银行协会主办首脑研讨会，吉田也想听一听银行局的意见。

第二天，就像等待的那样，吉田接到了来自西村的电话。

“有些事我想跟您说明一下。今天傍晚，能否请您到三田来？”

吉田于下午5:30到达三田的共用会议所。等候在会议室的不是西村，而是中井。

“根据各种金融情势，将对木津信用合作社进行处理。那样一来，兵库银行有可能会受到波及，因此，当局认为同时对木津信用合作社和兵库银行进行处理比较好。”

中井尽可能对状况进行事务性的说明，如下告知道：

“在9月1日至9月8日期间，提前强制进行根本性处理。今后也会紧密联系的，请务必按照这条路线进行准备。”

当然，吉田没有异议。

9月1日和9月8日都是星期五。如果是周末的话，大概可以把破产的混乱压到最低吧。吉田认为，兵库银行和木津信用合作社同时进行处理，产生一种相互钉牢的感觉也不错。

关于处理方案，已经从中小金融科科长石井那里听说了，其本质就是初春时西村等人准备的处理方案。只不过该方案推迟实施了，因而吉田完全没有感到吃惊。

听完中井的话的第二天早晨，吉田立即返回神户，急忙召开了专务会议。在会议上传达了早期处理的方向，开始对外发表的准备。9月25日，官方检查部下达指示，进行震灾的补充检查。

要做的都做了，我的职责也结束了。

吉田恬淡地迎来了8月最后的一个周末。

破产处理的时机比金融当局预计的要早。随着事态越发紧迫，信息也以一种不全面的形式泄露出去，这是由于危机提早到来造成的。继7月末的宇宙信用合作社之后，木津信用合作社的例子也是如此。

一年前的夏天开始，木津信用合作社就面临危机，3月已经向大阪府传达了“希望被托管”的愿望。

8月28日，星期一。

东京都和大藏省、日本央行花费了大约一个月的时间，制订了宇宙信用合作社的处理方案，并在这一天发表。但是，这时东京都对于宇宙信用合作社存款超过1 000万日元的大宗存款者提出利率缩减请求。据东京都判断，连高利率的大宗存款也要用公共资金提供全额保证，这是不恰当的。对此，木津信用合作社的存款者做出了敏锐的反应。

8月29日，星期二。

这一天，连续37天的盛夏日终于中断了，银行局的中井接到了来自大阪府的紧急联络：

> → 木津（信用合作社）的大宗存款者末野兴产集团中的两家公司请求解除380亿日元的定期存款约定。据此，资金短缺就无法避免了。

据大阪府称，已经感到存款流出风险的木津信用合作社的理事长键弥实亲自前往末野兴产集团，请求合作，反而被告知："事态那么危急的话，就提款吧。"

大阪府和银行局商议了应对措施，巩固了停业方案，快的话30日傍晚就会下达停业命令。

西村和中小金融科科长石井立即联系了兵库银行的吉田，告知他"那一天"有可能会提前到"明天以后"。吉田参考事先拿到手的大藏大臣和日本央行总裁的谈话，直到深夜还在撰写声明文。

另一方面，银行局将总部设在了共用会议所，彻夜制定发表文，设想可能的问答。日本央行的信用机构科也在彻夜办公。

8月30日，星期三，黎明。

这一天对于银行行政来说，是决定命运的一天，即便如此，西村还有着无法推脱的重要约定。

同期入省的河原康之一直和疾病做斗争，此时突然去世了，年仅55岁。其葬礼将在中午12:30举行。在河原留下的遗书中写道："由西村致悼词。"

由于不可能拜托给别人去办，西村下定决心前往高轮的高野山东京别院，丧礼当中，他突然接到消息称，《日经新闻》将在晚刊上报道木津信用合作社的经营破产问题。还穿着丧礼服的西村，不住地呻吟。

这肯定会造成大混乱。

事实上，在西村读完悼词急忙赶回官厅时，大阪市浪速区的木津信用合作社总社前，一些消息灵通的存款者已经聚集起来。

下午6点，大阪府发布了停业命令。存款者纷纷来到木津信用合作社，仅一晚上的时间，就有1 000亿日元的存款流出，大量存款者逐渐发展成第二次世界大战后最大规模的挤兑骚动。

吉田接到银行局下达的执行指令之后，下午6点在神户商工会议所出席了记者见面会。紧接着木津信用合作社、兵库银行破产的消息也在下午4点多不胫而走，日本被强烈的冲击包围着。

"采取了一切可能的办法……综合考虑了各种情况，判断出继续营业是困难且不妥当的，这次，向监督当局报告放弃自主重组……"

吉田淡淡地读着亲自写好的发表文书。

"我始终坚定地维持着地域金融和金融系统的稳定。"吉田这样安慰自己，可虽说是这样，也完全没有涌现出感慨和成就感。

回想起来，接受了很有实力的前同事和事务次官的恳请，被“派遣”到兵库银行已经两年两个月了。在这期间，没有一件事的回忆是好的。从就任开始就得知了不良债权的实情，因为利息减免而向123家金融机构低头，结果正当计划开始实行之际，却遇到了大地震。就连拼死恳求的根本性处理也因为当局的形势而延后了。

发表文中写的“我认为困难且不妥”“向监督当局报告”也算是吉田的一点倔强了。它流露出这样的信息：无论是判断可否继续营业，还是对此提出意见的都不是银行局，而是吉田自己的主意。

吉田回顾过去，这样说：“我终究只是一个从大藏省被送到前线的师团长而已。关于目标旨在金融系统稳定的全局战况，只有银行局清楚。要抗争到何时，要何时投降，只一心等着指示，继续着没有取胜希望的战争。我相信后事总会有人来给我料理吧。”

当吉田万分悲痛地参加记者见面会的时候，在大藏省，大藏大臣武村正进行着“结束宣言”，显示出充满信心的态度。

“已经没有比这更大的山了。从翻越了这一座大山的意义上讲，我们能够以国家的金融系统稳定为目标向前迈进。”①

这段“翻越了这一座大山”的发言是西村事前编好的。武村证明：“西村和我说，在这种时候做出鼓舞人心的声明更符合金融常识，请这样说。”

虽说确实间不容发的情况有很多，但同时一揽子处理木津信用合作社和兵库银行问题，给“连锁破产”埋下了伏笔。

但此时西村统率的金融当局开始感到逃出危机的明显迹象。

---

① 摘自1995年8月30日的记者招待会。

失败的结局

怒涛般的同时处理过去了一周，日本转眼进入了秋天。

随着兵库银行的接管机构“震灾复兴银行”即将启动，西村变得极其忙碌，但不可思议的是他并不觉得累。①

由于西村巧妙地拔掉了扎在金融系统咽喉的刺，对西村的好评在这个时期变得格外多。社会对银行行政的信任感实实在在地在恢复。在爽快的疲惫感中，西村开始考虑住专问题这一最后的跨栏障碍。

也正是在这个时候，作为同时处理木津信用合社和兵库银行问题骨干力量的审议官中井从银行科科长村木利雄那里听到了意想不到的话。

“实际上，大和银行的纽约支行被发现了 1 000 亿日元的损失。”

中井大吃一惊。

村木把声音压得更低，接着说：

“大和银行本打算在 10 月公开发表这件事，但是 FBI（美国联邦调查局）好像介入了调查。”

精通国际金融的中井直接判断这是件很棘手的事。但是，他同时认为，以大和银行的运转能力，1 000 亿日元的损失是完全可以吸收的。

还有，如果 10 月公开发表的话，同时处理木津信用合作社和兵库银行问题的冲击也消失了吧。中井的脑子里这样想着，却突然意识到：

---

① 兵库银行的“震灾复兴银行”是“Midori Bank”，Modori Bank 1996 年 1 月接受了当地企业和相关金融机构的出资，以及日本央行的后偿贷款。但是，为了填补损失，各家人寿保险公司都要求减少一部分后偿贷款，这为之后三洋证券的破产埋下了重要伏笔。

局长之所以下达指示快点同时处理兵库银行和木津信用合作社，难道是因为发生了这件事吗?

7 月处理宇宙信用合作社，8 月处理木津信用合作社，9 月处理兵库银行，这一连串的步骤是最初设定好的。在这中间，把后面的两个一并提早处理，不仅是因为要打出“完结感”，也因为大和银行预定在 10 月公开发表巨额损失。

银行局的相关者回忆道：

“木津信用合作社、兵库银行先后破产，如果不设定好时间就发表大和银行一事的话，不安情绪会蔓延开来。所以，破产处理和大和银行事件发表之间要空出间隔，想留给大家这是不一样的两个问题的印象。”

但结果，大和银行在 9 月 26 日不得不公开披露这件事。这是因为在 11 年间损失膨胀，并且持续隐瞒此事的纽约支行的井口俊英被 FBI 逮捕了。

“在这里记述的事件是我诚实的坦白……我在纽约支行的美国债券交易中造成了大约 11 亿美元的损失……将这样的事故直接向行长报告是因为不想在本行采取措施之前，这一事件就被泄露出去，并置本行于更加不利的立场，产生更大损失。”①

井口将这份有冲击力的坦白文通过国际快递送至大和银行行长藤田彬手里的时候，是宇宙信用合作社破产之前的 7 月 17 日。他担心回信

① 摘自井口俊英《告白》(文艺春秋)。

很慢，在21日又发出了第二封信，负责国际业务的副行长安井健二在24日早上打来了国际电话。

“过去的事情已经无法改变，大家一起想想今后怎么办吧。”①

根据井口的著作《告白》中的内容，在这之后访美的大和银行常务山路弘行坦言：“想将发觉损失这件事的时间改为11月，而不是7月。”并试探说在那之前想继续“隐瞒”。

但是，知晓了事态的会长安部川澄夫却指示尽快报告给银行局。8月7日，受到藤田委托的大藏省前职员、专务董事源氏田重义给西村打了电话：

“行长那里有一个案件想直接报告，明天请一定留出时间。”

源氏田说，大和银行方面想出发去大藏省报告。但是，4楼的局长室周围被四处打探金融危机消息的新闻记者围得水泄不通。为了避免不必要的臆测，西村提议在外会面。

考虑的最终结果是在港区的大和银行白金分馆会面。这一方面是因为三田的共用会议所被有关预算的会议占用了，另一方面是因为西村对大和银行抱有“亲近感”。西村在年轻时曾任大藏省干部与大和银行联谊会的负责人。从那以来，他和大和银行的相关人员交往密切。

“如果对方是大和银行的话，应该没有问题。”这样的疏忽导致了西村自掘坟墓的结果。

8月8日，星期二。银行局的西村和村木，大和银行的藤田、安井、源氏田，还有山路、胜田泰久两位常务出席了下午6点开始的会谈。

会谈的对话被详细记录下来。

根据记录，藤田向西村进行汇报的开头讲了以下3点：

---

① 摘自井口俊英《告白》（文艺春秋）。

→ 我从纽约支行的职员那里收到了私信。这个职员非常优秀，我和他也很熟悉，但他在私信中说产生了 10 亿美元以上的损失。总之，我想首先弄清楚实际状况，弄清状况就立即报告。

→ 这是这个职员单独行为的结果，其他职员没有卷入其中。

→ 处理损失之后不会有重创，大和银行的经营基础不会被动摇。

讲了这些之后，藤田最后说："请不要担心。"几乎是要说归根到底这只是一个职员的事故而已。

西村问何时可以弄清楚，藤田这样回答：

"交易的时间长，而且涉及 3 万单，因此不得不检查所有的文件。不管多急，都要花两三个月。"

藤田试探着想要在 11 月公开发表，这时候西村要求暂停。

"去年处理日本信托银行的时候，从三菱银行听说了（股市）信息及时披露这个概念。"

西村这样说着，并下达了指示：

"9 月下旬至 10 月上旬有必要进行公开发表。"

但是，藤田却面露难色："九月下旬不行。"他反过来提出建议：

"虽然需要两三个月，但紧赶慢赶 10 月初应该可以做到。这样的话，从信息及时披露这一点来讲有没有问题？"

对于像救命稻草一样的藤田的话，西村也心动了。确实，10 月初发表的话，不会对中期报告期末的股价造成影响。

“如果真的只有10月初能发表的话，也没有办法。但如果在那之前消息泄露，请迅速公开发表。”

就这样，损失的公开发表被安排在了10月，西村萌生了要快点处理木津信用合作社和兵库银行问题的想法。

只是，西村可能对这一天的会面抱有忧虑，最后说道：

“这样的消息应该先传达给当地政府。如果我是美国当局的话，我会想，为什么先和本国说了这件事呢，随后会变得不愉快。所以，我想在搞清楚实际状况的情况下，大藏省有必要和美国当地政府、日本央行一起听取报告。进入这一阶段，政府之间的通报和协商才能开始，如果和美国当局说我之前已经得知消息，那么会被（美方）说为什么没有告诉他们。”

随后西村用接下来的发言结束了一个小时的会议：

“所以，现阶段我并不把情况理解为政府（大藏省）已经收到了做出应对所必要的报告。也就是说，我当作今天没有听到过这些话，明白吗？”①

藤田等出席的董事会成员皆默默点头。

这次会面本该像“幻影”一般，消失在历史的黑暗中的。②

10月5日，藤田突然给西村打电话说：“想见一面。”发表了巨额损失的大和银行，已经置身于严厉的批评中。

下午5点，西村进入大仓饭店一间指定的房间后，藤田哀求般地诉说道：

---

① 在大和银行白金分馆进行的对话，是在银行局备忘录的基础上展开的。

② 在大和银行事件发生后的近一个月中，此事件只有西村和银行科科长村木利雄，以及银行局审议官永田俊一3个人知道，是机密事项。没有收到报告的武村回忆道：“当时觉得，大藏官僚向大臣提供信息的行为虽然不愿意看到，但还是有必要的。虽然抱有不满，但从其本身的性质来看，又是没有办法的。”

"就像您所知道的，我们置身于非常严峻的形势。不得不向美国政府说，我们没有意图要隐瞒这件事。"

藤田一边观察西村的反应一边继续说道：

"所以，作为证据我想向美国当局说明，在8月8日我们已经向大藏省报告过了。"

担心FBI搜查的大和银行在9月18日向日美两国的金融当局"正式通报"了损失事件。这也就是说此时大和银行要坦白实际上在40天前已经向大藏省报告了这件事。西村难以置信。

"你在说什么呢！"

说要将白金分馆的会面"抹去"，也是为了大和银行好。临到这时将这件事暴露的话，反而会招致疑心，事态更难处理。西村拒绝了顽强的藤田，终止了谈话。

可是，两天之后，西村看到《日本经济新闻》登载的报道后，倒吸了一口凉气。

> → 有强烈的怀疑声音说，大和银行将巨额损失事件向大藏省报告的时间是在当初通报的9月18日之前。相关人员在7日明确了这样的看法……就产生巨额损失的事实，在早些时候就和大藏省联系过了……大和银行对通报滞后一事的原因做了说明："确认事实需要时间。"但是，如果同日本当局很早就取得联络是事实的话，这样的说明可能就变得不合情理。①

① 摘自1995年10月7日的《日本经济新闻》。

读了这篇报道，西村仰望天空。

> **你来跟我商量说想说出这件事，但是其实早就已经讲出去了不是吗？①**

当晚，西村悄悄将旧识的大和银行干部请至家中，这样对他说：

“之前，和你们说不能讲这件事，可是已经出现了这样的报道。如果已经讲了的话，我现在也不会否认这件事。如果被问起来，讲出事实也可以。”

两天后，大和银行向媒体公开发表了白金分馆会谈一事。

为了显出没有隐瞒的意图，大和银行再三强调“已经通报给了大藏省”。关于没能早期公开发表一事，有时甚至会显露出好像是受到了西村的暗中指示而推迟报告的迹象。

另一方面，西村在这期间，对这样的说明一概不反驳，一直保持维护大和银行的姿态。这是因为他判断：不能让受美国政府责难的海外日本银行与日本当局一起受到责难。②

但是，也是由于当局不反驳，媒体的批判飞上了天。巨额损失事件

---

① 根据银行局干部之后从大和银行那里听到的消息，其律师曾遭到美国当局的盘问：“有坦白文传来，为什么不立即告知？”而律师为了进行辩解，就向对方传达了白金分馆会谈的事实。

② 西村自己认为，为了救济大和银行，“自己多少会承担一些责任，这也是没有办法的事情”。但是，大藏大臣武村听后非常不满，说：“这或许是你的个人情感，但是我们有我们的政治立场。”

不知从什么时候开始变成了“损失隐瞒事件”，西村被逼入窘境。[①]

10月30日。银行局审议官中井受到西村的拜托：“随便说点什么都行，让事态平息下来。”中井访问美国。

在美国，对没有看清不正当行为的美国金融当局和“参与隐瞒的大藏省”的责难越来越激烈，在国际金融市场出现了日本海外银行因丧失信誉导致的资金筹措利率升高的“日本溢价”现象。[②]

中井先后接触了一些当局者，该事件在美国国内也演变成一大丑闻，[③] 到了无法处理的地步。

中井对在纽约酒店会面的大和银行常务国定浩一透露：

“非常抱歉，只有这次没法帮忙。光保护大藏省就已经耗尽了精力。”

11月2日，美联储等美国金融当局下达了严厉处分：全面禁止对大和银行进行90日以内的美国国内业务。纽约地方检察厅也以重罪隐瞒等24项罪名起诉银行主体。

为了缓和美国禁令的冲击，大和银行在11月3日上午发表了向住

---

① 西村不知道坦白文中写有“隐瞒工作”这些字眼，遂在这种情况下拥护大和银行。结果，美国当局怀疑道：“大藏省是否也是共犯呢?”。感觉到异变的西村请求大和银行提交坦白文，但是大和方面一直到10月都没有做出回应。

② 为了稳定事态，大藏省和日本央行于1995年10月9日、11日两天，在华盛顿酒店向欧美的银行家召开了说明会。在说明会上，日本央行理事永岛旭进行了发言：“如果21家大型银行发生流动性问题，日本央行保证将竭尽所能进行支援。”国外则将此发言理解为“大型银行不倒宣言”。

③ 据1995年10月19日的《纽约时报》报道，纽约联储总裁和大和银行的太田赳副会长于1993年秋就大和银行纽约支行的内部管理问题进行了商讨。多名大藏省干部说道：“这篇报道是根据原联银相关人员的内部告发编撰而成，联银总裁因此成了众矢之的，因而不得不对他予以严惩。”

友银行请求包括未来合并在内的业务支援内容。知晓了两行间接触的西村，事先给住友银行的首脑打了电话，一再恳求："如果在记者见面会上被问起会不会合并这一问题，请不要否定。"国际金融局局长面对记者团也断言道："两行将合并。"以此来推动合并说。为了使大和银行的经营不安不被扩散，西村拼命进行着"情报操作"。①

虽然避免了破产危机，但最终发展成日美摩擦的大和银行事件，使金融当局在公众心中的威信和问题解决能力显著下降。媒体对大藏省的谴责逐步升级，并且正式地议论起来检查部门的分离、独立之类的"大藏省解体论"。

不过，对盯着住专问题处理的西村来说，比这件事重创更大的是：自民党的政务调查会会长在这个时期突然轮换。

在9月末举行的自民党总裁选举中，以再次当选为目标的外相（外务大臣）河野洋平放弃成为候选人，通产大臣桥本龙太郎打败小泉纯一郎胜出。在这之后执行部干事长由加藤出任，政务调查会会长则由山崎拓出任。这刚好是在大藏大臣武村正义在七国集团会议上对公众许下诺言将在年内处理住专问题时发生的人事变动。

将住专问题处理的流程制定到那份上的，正是加藤。这让西村有了为此努力的动力，且为了抑制农林族而建立了执政党规划小组的也是加藤。西村这样盘算着：紧跟着处于上升阶段的加藤的话，使用"作为催化剂的政府保证"，不就可以说服母行和农林族两方

① 1996年2月，大和银行撤出了美国，随后通过与朝日银行进行经营统合而残存下来。2003年3月，大和银行和朝日银行的一部分进行了合并，再次开展业务，但同一年的5月又一次面临经营危机。政府对其进行了第三次资本注入，其事实上已经国有化了。

了吗？

可是，如果政务调查会会长轮换的话，无论怎样的剧本都要从头再来。虽然加藤有一次对西村说："在我还是政务调查会会长的 9 月当中把住专问题处理政策决定了吧。"但终究是难以办到的。

住专问题处理的领导者从加藤换成了山崎，甚至从山崎变成了政务调查会会长代理与谢野馨，随后慢慢地辐射出去。执政党的规划小组逐渐丧失了力量。恰好从这时开始，苏醒过来的农林族议员们大肆宣扬 1993 年 2 月的备忘录，大声呼喊着母行责任。

11 月 30 日，星期四。

在自民党本部举行的立党 40 周年纪念典礼上，首相村山富市致辞盛赞自民党，震惊了四座。

"自民党长期执政，带来了今天的和平与繁荣，发挥了重要作用""社会党也作为执政党，希望向自民党学习""之前佐贺的补缺选举中，我也希望自民党候选人胜出。"①

虽说是联合（内阁）的搭档，但这根本不像长期与自民党对峙的社会党的委员长发表的赞词。加藤听了之后，与旁边的桥本龙太郎小声说：

"果然首相是想要辞职了，不然话不会说到这个份上。"

"是这样吗？我是没听出来。"虽然桥本这么回避，但他的心里还是察觉到了。

把这一情况和村山自身不止一次透露出辞职之意的复杂情况同时考

① 摘自 1995 年 11 月 30 日的《每日新闻晚刊》及同年 12 月 1 日的《朝日新闻》。

虑，于是他何时禅让给桥本成了永田町人们关心的一件大事。

政权交替进入视野后，一切政策选择都和政治局势缠在一起。围绕住专问题处理，自民党内有不好的声音小声议论着：“应该让村山内阁动用公共资金，实现政权交替。”“联立内阁的改组也应该纳入视野。”永田町被紧张的气氛笼罩着。

另一方面，通过11月的参议院佐贺补缺选举显摆农协拉票能力的农林族议员的气势越来越高，自民党执行部的威慑力也不起作用了。

政务调查会会长山崎拓对着谋求让农林族承担相应负担的政治裁定的大藏省干部露出了为难的表情，并且透露道：

“我如果这样做，会被卷进竹帘从党本部的窗口扔出去。”

党执行部最后放弃了协调，再次委托给大藏官僚们。但是，银行局和农水省经济局的交涉并没有进展，预算编组停滞不前。

一直观察着一切动向的大藏省首脑认为事到如今只用“金融的理论”来解决住专问题已经不可能，并且是危险的。这也是很自然的反应，在对大和银行的批判情绪高涨的时候，再在住专问题上失败的话，就可能招致组织解体的危机。

12月上旬的某一天，官房长涌井洋治去干事长室拜访了加藤，报告了农水省的调整十分困难。

加藤从政务调查会会长山崎拓那里也听说了调整的困难。他稍作考虑，做出了这样的指示：

“银行局无法完成，交给财政预算人员来做不好吗？”

加藤并没有打算特指具体的一件事。只是，“会计局的调整”也就暗示着公共资金。官房大臣这样解释。① 官房大臣带着加藤的指示，与农水省展开了机密交涉。

另一方面，不知道涌井动向的西村不停地跟武村小声说："不使用公共资金。"② 下一年度预算的要求是：对于次生损失，由政府提供保证，直接损失由母行和农林系统金融机构分担。

夏天的实地检查中，查出住专七社的直接损失上升到了 75 000 亿日元。将这个数字按照融资余额成比例分配的话，农林系统金融机构的负担达到了 32 000 亿日元。西村完全是在心里描绘着自己的负担规则。

> → 母行全额放弃融资额，剩下的损失由一般行和农林系统金融机构以 3∶2 的比例分担。

西村考虑着把与农水省互换备忘录的 1993 年 2 月的第二次重组计划作为解决问题的线索。当时总结出的利息总额里面，一般行与农林族的负担比例是"62∶38"。只要沿袭这一基本线，双方会履行而不会出现大的不满。

而且，西村身边的人也考虑到设立主体母行的责任，从而支持西村："3∶2 的比例可以取得平衡。"

---

① 在确定投入公共资金的第二天即 15 日下午，为了向加藤进行事先疏通，大藏事务次官筱沢到访干事长室，对现下除了投入公共资金外没有其他办法做出了说明。另一方面，他以"遵循干事长的意愿办事"为主旨，发表了演说。据加藤回忆，他在听了这些话后，"怀疑公共资金投入是不是以自己的名义进行的"。

② 西村也对桥本龙太郎进行了同样的说明。因此，由于突然的方针转变，桥本的心境受到了破坏，称不会对内阁会议上的署名做出回应。

但是，在这里出现了问题。

如果从 75 000 亿日元中扣除母行的 35 000 亿日元的债权放弃额，剩下的按照 3∶2 分配的话，农林族的负担大约是 16 000 亿日元。可是，西村却听说，农林中央金库的上层和执政党规划小组、日本央行相关者非正式透露说“1 兆日元是上限”。

保证 3∶2 的平衡，且农林族的负担在 1 兆日元左右能解决问题的方针，那就是将 75 000 亿日元的一部分拖后处理。

75 000 亿日元当中，12 400 亿日元为第三类债权。银行局说：“虽然担忧会发生损失，但是还不确定。”于是推迟了即时处理，做出了如下损失负担草案：将第一次处理的损失“压缩”到 62 600 亿日元，一般银行约负担 17 000 亿日元，农林族约负担 11 000 亿日元。

如果是 11 000 亿日元，农水省可以接受的话，之后就只剩为了年末的预算编制而紧逼银行和农林族了。西村预测，在年内处理住专问题已经成为“国际公约”，期限逼近的话，当事者们就只能彻悟。

12 月 8 日晚，东京王子酒店。大藏大臣武村和农林水产大臣野吕田芳成初次进行会谈。

同席的农水省经济局局长堤英隆虽然坚持“即使有捐赠，也无法应付损失分担”的原则论，但在此首次明示了“可以承担的金额”。

“根据经营实力倒算的话，农林中央金库、农业协作信用联合会能承担 3 750 亿日元，最多 5 307 亿日元是极限了。”①

---

① 据农水省经济局后来给银行局的备忘录记载，从账外收益逆运算得来的“应对能力”来看，农林中央金库为 1 979 亿日元，信联为 2 045 亿日元，农协共济联为 1 276 亿日元（合计 5 300 亿日元）。但是，对于各项数字的来源没有明确记载。

西村当即就反驳说：“如果要说经营实力的话，有估算可以达到12 000亿日元。”关于堤提出的5 307亿日元这个数字，他说“终究不过是开价而已”，不予理睬。

银行局和经济局之间的鸿沟没有被填平，会谈以破裂告终。

12月13日，星期三，西村终于接受了农林族议员的邀请。

傍晚，西村去了自民党本部附近楼的一间房间，柳泽伯夫、堀之内九男、中川昭一、大河原太一郎、二田孝治、松冈利胜6个人正等在那里。他们都是农水省的实权人物。

6个人异口同声地反复申明母行责任，并责难西村要求农林族承担过重的负担。这无疑是为了围攻银行行政而进行的会谈。

过了激论的高潮，有一个议员压低声音问西村：

“说实话，到底打算出多少？”

“出多少，是什么意思？”

“最后当然要出吧。”

听到这里，西村才知道农林族正期待着公共资金的投入。这个议员又嘀咕道：“也知道你要坚持己见，但最后总打算出的吧。快悄悄告诉我。”

“我们没有打算投入公共资金。”

西村反击道：

“不是说过，即使直接投入公共资金，农林系统金融机构也无法接受，不是吗？投入公共资金对社会的刺激也太大，会无法收场。如果决定把已经产生的窟窿交给相关者来补，那么关于公共资金的使用需要一个缓冲。比如说，以政府保证的形式来解决次生损失这样一个缓冲。”

本来想着只是听听“客套话”的6个人的表情立刻僵硬起来。

会谈结束后，6人中的一人给银行局审议官永田俊一打了电话。他的愤然抗议被记录了下来：

“今天，听了西村局长的话，我很震惊。如果这样的话，无论如何也无法收场。我们该怎么做，已经束手无策。”

12月14日的深夜，事态急转。

这一天，西村同农水省堤的会谈依旧是不欢而散。在那之后，西村接受了事务次官筱沢恭助的邀请。

不管审议官们惊讶的眼光，西村独自走进事务次官室之后，看见了会计局局长小村武、官房长涌井洋治和总务审议官武藤敏郎。

在制定应对方针的干部会议上，首先开口议论的是涌井。

“刚刚来了消息。农水省立即就要制订最终方案了。这个会议之后，农水省会向西村局长打电话告知可以出多少。”

随后，涌井说出了决定性的一句话。

“农水省那时说的数字，是已经决定的事项，银行局只要知晓就可以。即使错了，也希望不要再交涉了。”

西村十分惊愕，什么时候事态变成这样了？

一瞬间，堤在东京王子酒店提出的数字在西村脑子里面转。

“根据经营实力倒算的话……3 750亿日元，最多5 307亿日元是极限了。”

如果这个数字是事实的话，精心推敲出来的损失分担规则就崩溃了。当初暗示1兆日元的农林中央金库去了哪里？

种种想法在脑子里交错，西村想要插嘴提意见，可是涌井并没有给他机会。

“这是已经决定的事，不能推翻它。干事长也同意了。”

涌井暗地里与农水省、自民党执行部和农林族再三交涉，独自摸索妥协点。在这个集会之前，他刚见过农水省经济局局长堤。

“所以，关于不足的份额，不得不注入公共资金。”

被涌井做了这样的“宣告”，西村感到眼前一片漆黑。

涌井在此又进一步宣布了农水省方面提出的“条件”，即如果投入公共资金，那也要说明这是为了农林系统金融机构所做的支出。

“这是‘捐助’相应的条件，对方这样说。”

西村勃然变色，反驳道：

“就这么让对方接受自己的开价，真是不合理。首先，没有听说过这样的话；其次，有必要再和农水省对话，或者把问题摆到社会上议论看看不是吗？”

西村内心大致上做出了这样的判断：想要解决银行与农林系统金融机构间根深蒂固的对立，多少需要经历一些混乱。

对于绞尽脑汁想出的3∶2的负担方案，不仅是农林系统金融机构，实际上母行方面也强烈反对。如果是分摊利益也就算了，分摊损失的话，让行政做好筹备工作之类的终究是无效的协商。“既然这样的话，就做出对立的构图，让他们混乱一次，只有从混乱中才能产生双方能够接受的答案。”西村这样诉说。

“这样的话能得出什么样的结果？”

面对冷冰冰的提问，西村说不出话来。

“如果公开的话，就会出现农水省是不是讲价太多这样的议论，银行也因为公共资金的投入而被批判，如果能达到这种效果的话，我想，多少公开一点吧。这样做，相互间的差距就能填平了，不是吗?”

对于这个暧昧的回答，当即出现异议。

“不引起混乱，把问题处理好是我们政府人员的职责。回答也不准备就把问题抛出去，这样的做法是不负责任的。”

虽然是委婉的说法，却是对西村行政手段的猛烈批评。

→ 本来引起混乱这样的想法，就是公务员无能的表现。

聚集在次官室的干部当中，除了西村，其余人全部历任过会计局的中枢。他们认为，从调整政府部门内部对立的利害关系，到年末的预算编组，这才是大藏官僚的职责。而对于西村的“玉碎理论”，无论如何也无法理解。

对即使是这样也要挣扎的西村，涌井很冷淡。

“这已经决定好了，没有反驳的余地。”

涌井故意扮演恶人压制西村是因为考虑到：将事态这样放任不管的话，几乎无法实现年内处理的“国际公约”；不仅是村山政权，金融当局也会受到无法挽回的伤害。无论是使用公共资金来处理，还是反过来不用公共资金放弃年内处理，不管转向哪边大藏省都会遭受批判。既然这样的话，官房大臣判断应该一口气解决它。

只是，在这里还有其他的想法，大藏省干部回想道。

一个是对谋求投入公共资金的国际社会的考虑。被作为不良债权问题象征的住专问题很早就被七国集团会议和海外媒体报道了。在这种状态下，10月末访日的国际货币基金组织（IMF）的前总裁米歇尔·康德苏（Michel Camdessus）对被看好为下一任首相的桥本龙太郎的建议，也给大藏省带来了影响。

“为了恢复市场的信任，需要投入象征性的公共资金。”

听了康德苏的建议，桥本强烈地感觉到公共资金的必要性。根据桥本的意向出发的公共资金论也在大藏省内部扩散开来。

还有一个想法是组织防卫论。

处理两家信用合作社的时候发生的财政官员接待丑闻和大和银行事件，使执政党和媒体中开始出现大藏省解体论。“财金分离”的想法可以说是成为先驱，但对此大臣官房却反应过激。

“财政部门和金融部门分开，独立运作，感觉这遭到了批判。为了呼吁财政和金融成为一体，公共资金成为必要。所以就认定如果这时不投入公共资金的话，又会招致批判。”一位干部回忆道。

为了证明这一点，干部会议上甚至冒出了这样的发言：

“社会上出现的那些议论，最终又是抨击大藏省。”

“如果对农水省提出的数字有抱怨，那么大藏省就毁掉了。”

“大藏省毁掉也没关系吗？西村局长，您承担责任吗？”

西村无法反驳。

持续了将近3个小时的会议，最后以事务次官筱沢总结“只有投入（公共资金）了”告终。①

西村回到局长室不久，正像涌井说的，农水省的堤打来了电话。

“向您报告。农林中央金库、农业协作信用联合会的分担金额达到5 300亿日元。”

“是吗……”

---

① 根据出席者的证言汇编出事务次官室的对话。

西村一不留神，不得不同意了。

日期又往后了一天，12 月 15 日，上午 10：30。

武村从筱沢和西村处听说了方针之后，失声道："啊？要注入公共资金！"一时说不出话来。

只要不把覆盖在日本经济上空的住专这片乌云去除，日本经济就不会恢复。这样公开发言要年内处理住专问题的武村，关于需要 6 800 亿日元的公共资金这件事连想都没想到。①

"如果顺利的话，不用公共资金也能应对。即使用的话，考虑的也是数百亿日元、1 000 亿日元这样更少的数额。处理两家信用合作社时，东京都出资 300 亿日元就造成那样大的骚动，所以这个数额真的很大。"武村追述道。

武村对着为了能够在年内解决这件事而极力主张只有这种办法的筱沢说道："说是农水省的预算，或者说是为了紧急支援农林系统金融机构的预算，这样的话应该可以吧。"但是，筱沢却立刻一口咬定说："这不行，农水省不会接受的。"②

面对下一周就要给出 1996 年年度预算的大藏省，拿不出应对方案的武村只好沉默着同意了。

另一边，西村在 16 日、17 日两天，将母行行长依次叫出来，请求在放弃原债权的基础上，再追加筹款 35 000 亿日元。

---

① 这一时期，如果投入公共资金的话，武村预估舆论的 2/3 都会是反对意见，只能得到 1/3 的支持。但他没有想到，九成以上的人都拒绝，产生了空前的反对运动。

② 首相村山富市与农水省的意愿相反，事实上他赞同"向农林系统金融机构投入公共资金"。在内阁会议决定了处理方案后的记者招待会上，村山回答道："因为这些金融机构是基于小农的，因而力量有限。迫使农林系统金融机构破产，在政治上有一定的困难。"

为了压缩公共资金的投入额，虽然后来被批评说向母行施加了不合理的压力，[①] 但西村自己并没有想到这件事行得通。

除此之外，西村这样的做法还包含着这样的信息："如此下去，就要使用公共资金了。这样一来在国会会引起骚动，难道金融界就能安然渡过吗？"

同时，这一强制行动也表现出一种焦躁：不做点什么就无法解决。

当投入公共资金方案被确定的时候，只有西村一人被从所有与住专处理相关的政策制定中排除了。

14 日的干部会议之后，大藏省开始急着与执政党干部事先私下打招呼。执政党干部们说："事务次官去向自民党总裁桥本和干事长加藤做了说明，官房长去向党政务调查一线的山崎、与谢野做了说明，总务审议官去向社会、先锋政调做了说明，但为什么哪里都没见到西村的影子。"

就任银行局局长一年半，在孜孜不倦的努力取得总成果的时候，西村被剥夺了"指挥权"。

住专问题处理政策被决定的 12 月 19 日，已经从大藏省辞官的寺村信行碰巧在这一天和曾是部下的高桥厚男、小山嘉昭共进晚餐。但是，本应该是重温旧情的聚会，却变得像守灵一样，出席者回想道：

"在银行资不抵债之前投入公共资金究竟是怎么考虑的？"

---

① 母行主张"贷方责任应该根据国际基准判断"，对此，西村提出了反对意见："损失额相当于菲律宾的国内生产总值。实际情况和国际常识相距甚远，但是解决方法却要按照国际基准的话，不太适用。"详细情况参照汤谷升羊、辻广雅文的《住专破产文献》（钻石社）。

在这一年的9月末，大银行有128 000亿日元的股票账外收益，没有哪家银行处于资不抵债状态。如果遵从寺村当时的基准，那么离要投入公共资金的状态还很远。

“恐怕国民会认为使用公共资金是为了救济银行，而不会接受。这样就会变得很糟糕。”

“这样的话，到了真的需要投入公共资金的时候就会很困难。这是银行行政的失败。”

“这难道不是行政的堕落吗？简直是给前辈们的脸上抹黑。”

出席者们都诉说着不满，喝着酒，情绪高涨，甚至还有人一不留神泛出泪光。

接着，寺村只说了一句：

“我们所做的努力都化作了泡影，就是这样。”

几天后，寺村直接向西村询问了投入公共资金的理由。但是，西村只回答说：“这是官房的综合判断，详细情况我也不知晓。”既没有说到在14日深夜的干部会议上被压制的事，也没有提及“官房裁断”突然下达的事。

寺村没办法，就去见了官房长涌井。

“如果是需要几兆日元的话不是不能理解，为什么6 000亿日元也要用那笔资金。”

对不停说着可惜的寺村，涌井面不改色地反驳道：

“银行局形势判断错误，农林系统金融机构对分担损失并不响应。为了收拾局面，没办法只能由官房和会计局承担，不得不谋求预算措施。银行局将形势判断错误了。”

《尾　声》

自阪神大地震开始，经历了地铁沙林事件、数次金融危机，还有住专问题处理而动荡不安的1995年，即将悄悄地落下帷幕。

官署年末停止办公的12月28日白天，武村正义在早上完成了所有的公务，站在了东京站的站台。就在他准备乘上无声驶来的新干线回滋贺的时候，他突然想起了什么，招呼来送行的秘书官：

“对了，你能转达给筱沢吗？”

武村制止了匆忙准备拿出笔记本的秘书官，说道：

“明天下午3点，就这句话。”

“明天下午3点吗？”

“嗯，只要这么说他就会明白。拜托了。”

留下这句话，武村就乘着新干线离开了东京。

回到大藏省的秘书官将这句话转达给了筱沢，筱沢也只说了句：“是吗？我明白了。”

过了一个晚上再次回京的武村，突然发表了筱沢的辞任消息。

“考虑到要重振人心，并使全体职员从明年开始鼓足干劲儿，我接受了次官辞任的申请。”

筱沢在5月的时候，继因和自民党对峙而被逼入辞职绝境的斋藤次郎之后，就任了事务次官。

在没有任何预兆的情况下事务官首脑辞任，让省内一片哗然。

实际上，筱沢在住专问题处理政策被决定之后，与武村进行过将近1个小时的深谈。

据几个事件相关当事者回忆，筱沢没有事先约定，突然和秘书官打了声招呼“我进来了”，就进入了大藏大臣室。

根据武村的话，筱沢是要承担田谷、中岛问题的责任，并提出想要辞任。武村考虑了片刻，回答说：“只是关于辞任的时机，暂时保留。”在东京站的“传话”，是对这个保留条件的解除。

只是，综合大藏大臣周围人的证言来看，武村在住专问题处理对策确定之时，曾经向筱沢提出过：“难道不应该解任银行局局长西村吗?”

根据大藏大臣周围人的解说：“与此相对，筱沢却阻拦说‘解任西村过不了审议住专问题法案的定期国会这一关’。”然后提出了自己辞任。

武村否认了他希望解任西村这件事，并说了这样的证言：

“筱沢为了袒护西村，他在自己的辞任理由中并没有提及住专问题。如果提及了，就会牵扯到西村。”

但是，筱沢的辞任只不过是大型电视剧的“序章”。

12月29日傍晚，在大藏省发表了筱沢的辞职消息之后，武村径直去了伊豆。

武村花了将近3个小时到达伊豆长冈町的老字号旅馆“三养庄”，

等待他的是首相村山富市。

村山在前天午后完成了公务，为了度过新年，先一步来到了这里。武村面向村山笑着说："没看到有守候的记者。"

二人的谈话持续到了深夜。

过了新年到了1996年1月5日，村山闪电式地表明了隐退。

就像在自民党立党40周年纪念仪式上桥本龙太郎和加藤纮一推测的那样，村山早就下定了辞任的决心。

武村第一次听到村山的辞任消息，是在住专问题处理对策难以进展的12月9日，星期六。武村在那天早上，把国际金融局局长榊原英资约到了赤坂王子酒店，请教关于目前经济运营的意见。武村下午一点在日本料理店"三得利饭店"和村山吃了午饭。

在吃过寿司，移到里面的座位之后，村山说：

"我决定了，1月辞职。"

武村拼命挽留，但村山意志坚定。那之后武村每当有机会都试着说服他，可是都没用。

筱沢向武村传达辞职意思的时候，正是"收网"进行之时。武村证明说："虽然没有向筱沢说过，因为村山的隐退，让我保留了时机。"

随后在12月29日的三养庄机密会谈中，村山和武村决定将"某天"定为1月5日，并正式决定了首相在何种场合表明辞职意愿等细致的步骤。在那前一天，武村向筱沢传达"明天下午3点"也是因为安排了三养庄会谈的缘故。

武村回想到："一过年村山辞职，我也辞职，所以筱沢的辞呈也要受理。"

但是，知道了筱沢辞职消息的西村，变得坐立不安。

不管谁来解释什么，在这个时机辞职都会和住专问题纠缠在一起。

他匆匆忙忙跑到事务次官室，一开口就说道：

“请让我也辞职吧！次官都辞职了，我也不能留下来。”

他露出拼死一搏的神情。

“只有我留下来，实在无法容忍。”

但是，筱沢淡定地摇摇头，吩咐道：

“我辞职，你别辞职。你不能辞职。”

筱沢除了这句话什么都没说。

在那之后，西村一力承担住专问题处理法案和金融关联法案的国会答辩。然后，在准备接受住专七社的住宅金融债权管理机构开始运作的1996年7月26日，他将银行局局长的职位让给了山口公生，辞官而去。

村山隐退之后，承袭首相之位的桥本对政务秘书官江田宪司说：“怎么了，总觉得有点兵不血刃开城似的感觉。”随后笑了笑，走进了官邸。

对桥本，小泉纯一郎带去了这样的声援：

“首相只要说做就能做到。将请竹刀换成真剑，断然实行改革吧！”

即使不说，桥本也怀揣着多年的一贯主张——行政和财政改革的宏伟蓝图。在桥本就任10个月之后，他进行了中央省厅的重组和财政结构改革，并提出了金融一揽子计划。

在桥本接受了首相点名的1月11日众议院会议上，宫泽喜一对担忧住专问题处理方向的干事长加藤纮一说：

“加藤，住专的事情，那样就很好。”

对于可以说是多年悬案的公共资金的启动，宫泽露出了满意的神情。

* *

稍微提一下之后的进展状况。

就像寺村和西村担心的一样，处理住专问题的公共资金投入引来了国民的强烈不满，大藏省和出资母行在定期国会上被严厉地追究责任。

对舆论敏感的执政党着手实施“大藏省改革”，并倾向于将财政部门和金融部门分开的“财金分离”论。为了阻止这些措施，大藏省编写了金融体系改革方案，将之称为“一揽子计划”，并提交至首相官邸，提出在进行金融改革的重要时刻，不适合随意变更组织结构。

在各党派相互斗争时期，“公共资金”4 个字对于金融当局来说是禁语，直到前所未有的经济危机到来，才成为议论的话题。

桥本曾说：“现在的情况是，至少在政权交替的时点，6 850 亿日元的公共资金是足够的。我对此也很能理解，并在国会上做了说明。”官房长官梶山静六（已故）也好，加藤也好，反复听大藏省干部们说：“只要解决了住专问题，就能克服困难，翻越不良债权这座大山。”

但是，通过之后的金融史就能一目了然，那样的想法是多么天真。

不良债权问题不仅没能解决，反而年年恶化，从金融体系到北海道拓殖银行、日本长期信用银行、日本债券信用银行等脆弱的锁链，都先后被扯断。原本公共资金只要负责住专和信用合作社就可以了，但是最终全都注入了大银行，即便这样，仍然有人私下抱怨存在严重的资金不足。不要说解除存款限额保护了，就连恢复金融机能都完全无望。

本书尝试查证的是导致这一混乱期的 1992 ~ 1995 年的经济迷失“前夜”，对这一时期政策选择推后的真意进行调查。

本书侧重于对事实的阐明，不做解释性的评论和批判，但是，如果要附上一句笔者的印象的话，即很多当事人并没有意识到自己的政策选择是延后的。

他们自负地认为，自己在有限的条件下已经竭尽了全力，并且在那个时点“正确地解决了问题”。

那么，他们对于现在的窘境又作何理解呢？

某一当局者称：“宏观经济运营失败，不良债权无止境地增加。”也有人批判：“日本央行的金融政策错误导致了通货紧缩。”另一方面，指责银行行政判断错误的意见也很强烈，不同立场的“当事人自然而然地相互批判”，这些都是当时的实际情况。

笔者认为，既然当局是无误的这一认知已经崩塌，那么人们必须开始从逻辑上、专业见解角度指出政策判断中潜在的各种各样的问题，努力在统治机构外部建立一家能够提出切实可行的替代方案的机构。这是政党、大学、智囊团和传媒业者的职责所在。在完善的信息公开制度下，将“竞争原理”和“紧张感”运用到政策的制定当中，是避免将来重蹈覆辙的关键所在。

在这次查证采访的过程中，很多政治家和金融当局都给予了配合。借此机会，对牺牲宝贵时间的各位表示深深的感谢。

除了从报道上引用的发言之外，原则上，基于背景的说明，或者根据当局内部资料等撰写的内容，都不能透露信息来源和文件的取得途径。此外，文中的官衔原则上保留当时的样子，并且全部省去了敬称。

对于事实关系的确认，由于是10年前甚至更久之前的事情了，当事人的记忆也开始变得模糊，比起采访，本次查证会更注重文书性的资料，查实“有无记录下来的证据”。

我首先寻求当事人的证词，但只有在有当局的内部文书，或者本人的日记、笔记本、备忘录之类的文件作为支撑的情况下，才会被认定为事实。当然，也有由于力不从心，仅仅以证词作为依据的部分，但我尽可能汇总检证所必需的素材。

阿部重夫、大平宗、轻部谦介、下山进、永野健二、松崎泰弘等人给予了我很大的帮助。辻广雅文、西村吉正、山胁岳志、吉次弘志等人撰写的名著成为本书查证取材可靠的线索。TBS电视台时政部的记者同事们，为我提供了心理上的支持，是我引以为傲的对象。在此向各位表达深深的谢意。

岩波书店的上田麻里氏是本书真正的“制作人”。他以不容妥协的姿态，自始至终对我进行了严厉的指导。言语已经无法表达我的谢意。

这一年半，除了新年第一天，我所有的休息日都用来查证取材和进行创作活动了。一边从事时政报道，一边在有限的时间内完成原稿，真是难以想象的艰苦。

饱含谢意地向抚养我健康成长的父母、和我同甘共苦的妻子以及两个朝新目标挺进的儿子呈上这份报告。

2003年初夏

西野智彦